Coopération sino-guinéenne

Aïssatou DIALLO BAH

Coopération sino-guinéenne

De l'aide bilatérale au partenariat public-privé

L'Harmattan

Du même auteur, chez L'Harmattan

D'une Guinée à l'autre. Souvenirs et témoignages, 2012

5-7, rue de l'École-Polytechnique, 75005 Paris
http://www.editions-harmattan.fr
ISBN : 978-2-343-10921-3
EAN : 9782343109213

À la mémoire

de ma mère que je n'ai pas connue

et de ma grand-mère qui a assuré mon éducation.

AVANT-PROPOS

L'élaboration de cette étude a été axée sur des idées fondamentales qui sont les bases de la solidarité Afrique/Asie, la guerre froide, la décolonisation ainsi que l'évolution politique et économique de la Chine à partir de 1949 et de la Guinée à partir de 1958.

Les relations internationales ont été longuement marquées par l'état de tensions Est–Ouest, opposant les États-Unis et l'Union Soviétique, de 1945 à 1990, et des positions politiques et idéologiques antagonistes. Le processus de décolonisation a, dans le même temps, enregistré des avancées majeures, menant à l'accession à l'indépendance des pays coloniaux d'Afrique et d'Asie. Le rapprochement entre ces derniers, à partir de 1955, s'est intensifié dans les années soixante, avec depuis les années soixante-dix des mutations rapides. Les pays d'Asie devenus émergents, et notamment la Chine, porte-drapeau de la coopération afro-asiatique, se présentent aujourd'hui comme des partenaires incontournables des pays africains en développement. La Chine devenue membre permanent du Conseil de Sécurité, avec son poids démographique est devenue la seconde économie mondiale et un grand réservoir de devises en quête de matières premières et de débouchés.

Pour la Guinée, la Chine est un partenaire historique qui a présenté, dans le contexte de la guerre froide, une seconde alternative avec la rupture d'avec l'ancienne puissance coloniale et la réorientation de la coopération vers l'Union soviétique et les pays du Conseil d'Assistance Economique Mutuelle (CAEM).

L'objet de cette étude est d'examiner l'évolution et les mutations intervenues dans les relations de coopération entre la République de Guinée et la RP de Chine depuis plus d'un demi-siècle, d'en cerner la portée et l'impact, les opportunités et les défis. Le présent travail ne prétend pas à l'exhaustivité. Le premier problème rencontré est celui du déficit, de la rétention et du caractère incomplet de l'information sur le sujet. Les départements en charge du suivi et de la coordination des aides ainsi que l'ambassade de Chine à Conakry ont été consultés, de même que l'Initiative de Transparence dans les Industries Extractives Guinée. La méconnaissance de l'information par les organismes récipiendaires de l'aide chinoise, publique, mais surtout privée, rend les données chiffrées inaccessibles au public et irrégulières. Il n'a pas été toujours facile de confirmer certaines informations parues dans la presse locale. Les sources d'informations en ligne du ministère chinois du Commerce, le FOCAC, et des agences onusiennes et africaines d'aide et de coopération ont été également consultées.

Ce travail a nécessité des consultations et entretiens avec de nombreux organismes, personnes et institutions. Que tous ceux qui y ont concouru trouvent ici l'expression de ma profonde gratitude.

SIGLES ET ABRÉVIATIONS

ACGSI -	Association des Commerçants Guinéens du Secteur Informel
AGPI -	Agence Guinéenne de Promotion des Investissements Privés
APD -	Aide publique au développement
BAD	Banque Africaine de Développement
BRICS	Regroupement des pays émergents Brésil, Russie, Inde, Chine et Afrique du Sud
BEI -	Banque Européenne d'Investissement
CAEM	Conseil d'Assistance Economique Mutuelle
CEDEAO	Communauté Economique des États de l'Afrique de l'Ouest
CNT	Conseil National de Transition
CRD	Commune Rurale de Développement
ENTA/ENTAG	Entreprise Nationale des Tabacs et Allumettes/Entreprise Nationale des Tabacs et Allumettes de Guinée
FOCAC	Forum de Coopération Afrique-Chine

GOHA	Groupe Organisé des Hommes d'Affaires
IDH	Indice de Développement Humain
IES	Institution d'Enseignement Supérieur
MOFCOM	Ministère du Commerce
MOF	Ministère des Finances
MOFA	Ministère des Affaires étrangères
OCDE	Organisation pour le Développement et la Coopération en Europe
OMVG	Organisation pour la mise en valeur du Fleuve Gambie
OMVS	Organisation pour la Mise en Valeur du Fleuve Sénégal
PPP	Partenariat Public-Privé
PNB	Produit National Brut
RPC	République Populaire de Chine
RTG	Radio Télévision Guinéenne
USD	Dollar des États-Unis d'Amérique

PROLOGUE

ÉVOLUTION RÉCENTE DES RELATIONS AFRO-ASIATIQUES

Selon divers auteurs, les contacts entre l'Asie et l'Afrique sont très anciens. La Chine, en particulier, aurait une présence maritime très ancienne en Afrique orientale.

Historiquement, la conférence organisée, du 18 au 24 avril 1955 à Bandung, en Indonésie, a exprimé le droit des peuples afro-asiatiques de disposer librement de leur destin et de coopérer pour y parvenir. Elle avait regroupé, 29 nations d'Asie et d'Afrique et six cents délégués, dont l'hôte indonésien Soekarno, le Chinois Zhou En Lai, l'Indien Nehru, le Cambodgien Sihanouk, le Sud- Vietnamien Ngo Dinh Diem et l'Égyptien Nasser. Le sommet de Bandung a été le prélude à l'avènement du Tiers Monde et des pays non alignés, proches de l'Union Soviétique, au sein desquels la Guinée est devenue très active, à son accession à l'indépendance.

Pendant la guerre froide, les pays afro-asiatiques libérés du joug colonial ont renforcé l'esprit de Bandung et leur lutte commune dans un troisième bloc, le Tiers Monde, auquel la Yougoslavie prenait part.

Les leaders asiatiques et africains ont célébré, les 23 et 24 avril 2015, le 60e anniversaire de la rencontre historique de Bandung. Au total, des représentants de plus d'une centaine de pays, des organisations internationales et des observateurs ont voulu raviver l'esprit de Bandung, renouveler leur solidarité et renforcer la coopération économique. Les participants ont notamment délivré un message, adopté une Déclaration pour redynamiser la coopération Sud-Sud et une résolution sur la Palestine. Le président de la RPC, Xi Jinping, présent à cette réunion, a annoncé la création d'une Banque asiatique d'Investissement pour les Infrastructures (BAII), qui aura un rôle à jouer pour permettre aux pays afro-asiatiques de saisir les opportunités de coopération entre la Chine, les pays asiatiques et les pays africains. Notant que les échanges afro-asiatiques continuent à être dominés par l'exportation de matières brutes africaines, ils ont indiqué qu'une telle structure devrait aider les pays africains à transformer leurs ressources naturelles dans le cadre d'un partenariat afro-asiatique renouvelé.

Aujourd'hui, les pays africains indépendants ont, à des degrés divers, noué des relations diplomatiques, commerciales, d'investissement et d'aide avec les pays d'Asie ; en particulier le Japon, la Chine et l'Inde, trois puissances régionales rivales du point de vue de leurs intérêts géostratégiques, ont un intérêt pour l'Afrique, réservoir de ressources naturelles et énergétiques.

En avril 2005, un forum Asie-Afrique fut organisé à Jakarta, en Indonésie, dans l'esprit de Bandung, pour discuter du renouveau des relations afro-asiatiques. Alors que l'Afrique est restée plongée, au sein de la division internationale du travail, dans la pauvreté et l'instabilité, les pays asiatiques ont intensifié leur développement, avec des taux de croissance économique remarquables. Devenus membres de l'OMC, ils ont développé et diversifié leurs échanges commerciaux et esquissé des stratégies pour subvenir à leurs énormes besoins de matières premières et énergétiques.

Par ailleurs, pour stimuler le développement de l'Afrique, l'ONU et certains partenaires au développement comme le

Japon ont encouragé des stratégies de développement s'inspirant du modèle asiatique. En effet, ce pays entretenait des rapports privilégiés avec l'Afrique, surtout avec l'Afrique du Sud, même au temps de l'apartheid. Une Conférence Internationale dite de Tokyo pour le Développement de l'Afrique (TICAD) fut instituée en 1993, la stratégie étant l'accès aux matières premières et la présence des firmes asiatiques dans le développement africain ainsi qu'une augmentation de l'aide publique japonaise. À sa cinquième édition, en fin mai 2013, à Tokyo, la TICAD a proposé aux quarante chefs d'États et de gouvernements africains présents un nouveau programme d'aide et de coopération avec l'Afrique. Ce forum a cependant constaté que, en dépit des engagements, le commerce et l'investissement nippons en Afrique sont restés faibles, avec seulement 2 % du total de l'aide publique du Japon. Aujourd'hui, cette Afrique cherche à s'orienter vers un marché commun, le développement industriel et des infrastructures pour son épanouissement.

L'Inde, également en quête de matières premières, investit surtout en Afrique de l'Est, au Maroc et au Sénégal. Elle a mis en place une stratégie pour fournir à ses partenaires des crédits concessionnels de l'Eximbank of India pour des projets économiques, sociaux et d'infrastructures avec des entreprises indiennes, en contrepartie de permis d'exploration de pétrole. Elle est plus active dans le transfert de technologies. En avril 2008, treize chefs d'États africains et des responsables de l'Union Africaine et de la BAD ont participé à un sommet Inde-Afrique. Fin 2015, ce sommet a été réédité avec une promesse de 6 milliards USD d'aide à l'Afrique dont 600.000 d'aide publique.

Ce sont les rapports de la Chine avec l'Afrique, avec une référence particulière au cas guinéen, qui sont l'objet de ce travail. La Chine émergente a modifié les relations postcoloniales, apportant en Afrique capitaux et technologies pour des infrastructures administratives, sociales, énergétiques et de transport. Un Forum Chine-Afrique se tient depuis 2000, avec une fréquence triennale ; le troisième forum Chine-Afrique s'est tenu en novembre 2006 à Beijing, regroupant une trentaine de chefs d'États et de gouvernements, des opérateurs économiques et la Banque Africaine de Développement. En mars 2012, c'est un forum Chine-CEDEAO qui a été organisé à Dakar sur le thème : l'Afrique de l'Ouest et les infrastructures. La Chine est membre des BRICS (catégorie de pays émergents à croissance rapide qui sont : le Brésil, la Russie, l'Inde la Chine, et l'Afrique du Sud) dont la 5e réunion a été organisée en mars 2013 à Durban. Cette réunion a décidé de la création d'une banque sino-africaine de 50 milliards USD pour développer les infrastructures en Afrique. Une semaine après son avènement au pouvoir, Xi Jinping, le nouveau président chinois, a visité la Tanzanie, l'Afrique du Sud et le Congo- Brazzaville et confirmé l'amitié et l'intérêt de la Chine pour l'Afrique. Il faut noter que la Chine, le Japon et l'Inde font partie des 25 pays membres non régionaux de la BAD.

Ces dernières années, la croissance fulgurante de la Chine (8, 10 à 12 % l'an) a baissé, entraînant des mutations et aussi des défis exigeant des adaptations de sa stratégie économique. Ce pays entame la seconde phase de son industrialisation et cherche non seulement à atténuer certains impacts négatifs sur l'environnement et la santé, mais en même temps à mettre sur pied un nouveau modèle dit de nouvelle normalité. Le pays, qui commence à expérimenter un ralentissement de sa croissance (aux environs de 7 %, actuellement) met l'accent sur la consommation et les services : finances, informatique, services commerciaux, investissements à l'étranger. La Chine s'oriente de plus en plus du « made in China » au « made for China ».

Cette étude se propose d'examiner l'évolution et les perspectives de la coopération sino-guinéenne en sept chapitres.

Le 1er chapitre fait un rappel du contexte historique et des principes des relations de coopération entre les deux pays.

Le deuxième chapitre passe en revue l'aide publique au développement de la RP de Chine depuis 1959 et ses domaines de concentration.

L'analyse du commerce sino-guinéen est l'objet du troisième chapitre. Le chapitre IV examine la coopération technique, scientifique et culturelle.

Les Investissements directs étrangers et les engagements chinois récents en Guinée font l'objet du cinquième chapitre.

Quant aux chapitres VI et VII, ils examinent respectivement la coopération sous forme de partenariat public et privé et les questions de mise en œuvre des projets financés par la RP de Chine.

Enfin, en guise d'épilogue, dans le chapitre VIII, une évaluation globale tire les enseignements de l'étude et esquisse les perspectives des relations de coopération sino-guinéenne.

CHAPITRE I

COOPERATION SINO-GUINEENNE : CONTEXTE HISTORIQUE ET PRINCIPES

Ce chapitre résume le contexte historique qui a servi de cadre aux relations de coopération entre la République de Guinée et la République Populaire de Chine. Une présentation sommaire de l'évolution des deux pays et des principes de leurs liens d'amitié et de coopération précède la présentation du contexte.

Section 1. Évolution sociopolitique de la Guinée et de la Chine à partir de la fin des années cinquante

A. La République de Guinée

La Guinée est devenue indépendante le 2 octobre 1958, suite au vote négatif du référendum du 28 septembre 1958 pour la communauté franco-africaine proposé par la métropole française. Sa superficie est de 245 857 km^2, avec une population de 12,28 millions d'habitants en 2014, et une espérance de vie de 53,3 ans. C'est un pays côtier de l'Afrique de l'Ouest, doté d'importantes ressources minérales et énergétiques. Elle fait partie des 45 pays de l'Afrique Subsaharienne et des 23 Pays les Moins Avancés. La monnaie guinéenne, le Franc Guinéen (GNF), a été créée le 1er mars 1960.

La Guinée a adopté une voie de développement non capitaliste, suite à la rupture avec l'ancienne puissance coloniale. Les relations de coopération ont alors été réorientées vers le bloc soviétique et la Chine communiste. En 1984, elle s'ouvre à l'extérieur et libéralise l'économie, à travers des programmes d'ajustement structurel aux résultats mitigés. Elle a connu, entre 2006 et 2010, une crise sociopolitique qui l'a fragilisée, la maintenant dans les pays à revenu et à indice de développement humain (IDH) faibles (0,341 en 2013).

Au plan politique, la Guinée a connu un premier régime politique, avec un parti unique et une orientation non capitaliste (première république, 1958-2004) ; suivront deux coups d'État militaires (deuxième république, avril 1984 - décembre 2008 ; régime du CNDD, décembre 2008-décembre 2010). À la mort du Président Sékou Touré, le 26 mars 1984, l'armée avait, en effet, pris le pouvoir et procédé à des réformes libérales et à l'ouverture du pays à l'extérieur. Le second coup d'État militaire, suite au décès le 22 décembre 2008 du Général Lansana Conté, a conduit à des sanctions et à un isolement international qui ont fragilisé le pays.

C'est à la suite des élections démocratiques de juin et novembre 2010 que le pays revient à un régime civil, avec l'élection du président Alpha Condé. La sortie de la crise politique devait permettre de normaliser la vie politique du pays et d'amorcer la mise en valeur de ses ressources naturelles au profit de la population. Une crise sanitaire, Ebola, sans précédent, s'est abattue sur les pays en fin 2013, s'étendant au Liberia et à la Sierra Leone, réduisant les possibilités de relance de l'économie. En dépit des concours des partenaires économiques et financiers, la crise sanitaire meurtrière a fragilisé le développement de tous les secteurs de développement, notamment l'agriculture, l'hôtellerie et le tourisme, le commerce et les transports, la santé et les mines. Ebola a entraîné la mort de plus de 2000 personnes, notamment en Guinée Forestière et en Basse-Guinée.

Premier pays africain à établir des liens diplomatiques avec la Chine, la Guinée a également contribué, au sein des pays Non Alignés, à l'obtention par la Chine, le 25 octobre 1971, du statut de membre des Nations Unies au détriment de Taïwan évincé.

Au plan économique, les pays membres du Conseil d'Assistance Economique Mutuelle (CAEM) et la Chine communiste ont joué un rôle important dans la mise en place des bases socio-économiques de la jeune République de Guinée. En dépit d'un important potentiel agricole et rural, le pays est resté dépendant de l'aide extérieure pour combler le déficit alimentaire. Ainsi, dans les années 60, les aides alimentaires américaine et chinoise avaient comblé le déficit alimentaire, mais aussi habitué les populations guinéennes au riz blanc importé, dispensant les femmes de la corvée du pilon et décourageant les efforts de développement de la riziculture pourtant propice dans les quatre régions naturelles du pays. Les Chinois l'avaient certainement bien compris quand, vers la fin des années 1970, ils proposèrent au pays de lui livrer, en lieu et place du riz chinois, des semences et du matériel agricole pour encourager la production locale. Ce soutien à la riziculture guinéenne se poursuit jusqu'aujourd'hui, avec la Siguicod, société guinéo-chinoise de coopération pour le développement agricole.

B. Survol politique et historique de la RP de Chine

Avec une superficie de 9 562 960 km^2, la RPC est le plus grand pays d'Asie de l'Est et le troisième plus grand pays au monde, après la Russie et le Canada. C'est le pays le plus peuplé du monde, avec une population de 1.357.380 millions d'habitants en 2013.

La Chine populaire est héritière d'une histoire mouvementée et très ancienne. Elle a été fondée le 1er

octobre 1949, sous l'impulsion du Parti Communiste Chinois (PCC) créé le 1er juillet 1921. Une guerre opposa communistes et nationalistes chinois dirigés par Chan Kaï Chek (président de la Chine de 1928 à 1931, puis de 1943 à 1949). Après la victoire des communistes, Mao Zedong fut le Président du Parti de 1943 jusqu'à sa mort, en 1976.

Elle se définit comme un État unifié multinational, (Constitution chinoise de 1982, art.30), avec un système de parti unique, le Parti Communiste Chinois. Elle est composée de 33 régions administratives, subdivisées en provinces, préfectures, districts, cantons et communes. On compte 22 provinces, 5 régions autonomes, 4 municipalités dont celles de Beijing et de Shanghaï, et 2 régions administratives spéciales (Hong Kong et Macao) dirigées par le gouvernement central. Taïwan est revendiqué par la Chine comme la 23e province.

La Chine fait partie des 24 pays en développement de l'Asie de l'Est et du Pacifique, avec un Indice de Développement Humain Moyen. Elle occupe le 89ème rang sur 169 pays classés, soit le 4ème rang dans la catégorie des pays à développement humain moyen et la 2e place pour l'amélioration de cet indice ; l'espérance de vie de la population chinoise est de 73,5 ans, la durée moyenne de scolarité de 7,5 ans et le PNB par habitant PPA de 7.258 USD. Sa monnaie est le Yuan renminbi (0,09810 Euro}. L'Indicateur de Facilité des Affaires de la RPC classe le pays au 79ème rang sur 183 pays. De 2007 à 2010, la RPC est passée de la place de troisième à celle de deuxième puissance économique mondiale.

Mao Ze Dong est arrivé au pouvoir dans le contexte de la guerre froide que la Chine a contribué à renforcer, en développant sa propre idéologie. Le régime communiste chinois, menacé par le blocus américain, s'est tourné vers l'URSS avant de rompre avec elle, devenant un allié des pays du Tiers Monde dans la lutte anticoloniale et anti-impérialiste.

La RPC a tout d'abord développé une économie socialiste appuyée par l'Union Soviétique. L'économie chinoise, suite à la politique maoïste du grand bond en avant (1960-1965) va entamer des réformes et le pays lance, de 1966 à 1969, la révolution culturelle.

C'est à partir de 1978 que la Chine a entamé résolument un processus de réformes libérales, remettant en cause la politique extérieure influencée par l'idéologie, avec l'avènement de Deng Xiaoping. La RPC s'engage alors dans des réformes économiques libérales et s'ouvre à l'investissement étranger. À partir de 1980, le pays réoriente sa politique de développement, notamment vers quatre axes de modernisation : industrie et commerce, éducation, organisation militaire et agriculture.

Les mutations récentes de l'économie socialiste de marché et l'émergence se sont réalisées sous le contrôle politique du Parti Communiste. Le pays fait face aux défis de cette industrialisation accélérée dans le monde globalisé et esquisse de nouvelles stratégies de réforme, la nouvelle normalité. En fin 2015, la monnaie chinoise, le yuan, est devenue une monnaie de réserve au FMI.

Section 2. Déterminants idéologiques et instruments de la politique d'aide étrangère chinoise

La Chine communiste a, dès 1960, exporté son aide et son idéologie, selon le principe socialiste et de l'internationalisme prolétarien. Sous le régime communiste, ce sont des critères idéologique, diplomatique, politique et humanitaire qui ont prévalu pour l'octroi de l'aide étrangère ; ensuite, ce sont l'intérêt stratégique à partir de 1980 et l'intérêt économique et commercial à partir de 1990 qui ont été mis en avant.

Ce sont les organismes chinois au plus haut niveau qui ont le pouvoir d'orientation et de décision en matière de gestion de l'aide étrangère ; il s'agit du Bureau politique du Comité Central (CC) et du Comité permanent du Parti Communiste Chinois (PCC), du groupe central dirigeant pour les Affaires étrangères et du Conseil des Affaires d'État. Le ministère du Commerce (MOFCOM) est compétent pour la coordination de la politique et de l'administration de l'aide extérieure, à travers son département de l'aide étrangère. Quant au ministère chinois des Affaires étrangères (MOFA), il intervient au niveau des ambassades de Chine, avec des conseillers économiques et commerciaux assistés par les organismes provinciaux du commerce. Il y a enfin des banques comme Eximbank de Chine, au niveau du ministère chinois des Finances (MOF) ; ces départements ont un mécanisme de coordination interministériel, pour l'aide étrangère, qui a connu plusieurs évolutions.

La Chine coopère avec les agences multilatérales, aux niveaux trilatéral et régional, sous-régional. Une partie de son aide multilatérale passe à travers la Banque Mondiale, le FMI, la BAD, la Banque asiatique, le PNUD, le PAM, la FAO. La Chine maoïste fournissait une part d'aide extérieure relativement plus élevée que les autres pays donateurs par rapport à son PIB, soit 0,99 % de 1950 à 1973. L'aide publique se compose de dons, de prêts sans intérêt, de prêts à des conditions de faveur.

La Chine, qui a entamé la libéralisation et la modernisation de son économie en 1978, est aujourd'hui un pays émergent qui entretient une compétition serrée avec le reste du monde pour les ressources minières et énergétiques. Les taux de croissance de son PIB avaient été de 10 à 12 %

l'an, avant de revenir à 7 % environ actuellement. Ce pays est un des rares à avoir atteint le premier Objectif du Millénaire pour le Développement de réduction de la pauvreté.

La Chine émergente a défini une nouvelle stratégie de coopération et de partenariat avec l'Afrique. La Guinée a pris part au forum Chine-Afrique dont la première édition s'est tenue en 2000 à Beijing avec une périodicité de trois ans. Le second s'est tenu à Addis Abeba en 2003. Lors du troisième forum tenu également à Beijing, un Livre blanc sur la politique chinoise en Afrique a été officialisé le 12 janvier 2006. Les dernières réunions du forum ont été organisées en 2009, 2012 et 2015.

L'aide publique au développement du gouvernement central chinois a augmenté de 18 % par an, de 1990 jusqu'en 2004. Les ressources d'aide de la Chine incluent l'aide financière et la coopération technique (en personnel et formation). Elles sont consenties sous forme de prêts sans intérêt ou à faible taux d'intérêt et de prêts à long terme ; sous le régime communiste, les dons représentaient 70 à 80 % de l'aide étrangère chinoise. Ils soutiennent des projets d'amélioration des conditions de vie et de soulagement de la pauvreté.

En 1976, les prêts à la construction constituaient 67 % des programmes d'aide chinoise. À partir des années 1990, le développement des capacités, la formation massive de techniciens africains en Chine et le transfert de technologie sont devenus des volets importants de la coopération sino-africaine.

Les 80 % de l'aide étrangère chinoise étaient orientés vers les pays africains et asiatiques moins avancés et à faible revenu. Ils bénéficiaient à l'agriculture, à l'industrie, à l'infrastructure, à l'éducation, à la santé et au changement climatique ; à cela, il faut ajouter l'aide humanitaire et alimentaire et l'aide en marchandise. Les équipements publics étaient financés sur des prêts sans intérêt ; les prêts à des conditions avantageuses finançaient les infrastructures, les exportations, les transports et communications, l'énergie et les services industriels.

Section 3. Principes des relations d'aide extérieure et de coopération au développement

La Chine, avec son énorme poids démographique, a un revenu par habitant relativement bas. Elle se considère toujours elle-même comme un pays en développement qui a un devoir de solidarité envers les autres pays en développement. La Chine a défini des principes de la coopération bilatérale avec l'étranger qui se sont adaptés à sa propre évolution économique et politique. Le pays combine le commerce et l'investissement pour améliorer son statut international, avec les pays en développement. Dès l'accession des pays africains à la souveraineté internationale, la RPC et ses pays amis ont initié de nombreuses visites officielles, des missions d'État, des traités d'amitié et des accords de coopération économique.

L'aide bilatérale chinoise aux pays amis liés par l'idéologie fut régie, au départ, dans le contexte de la guerre froide, par cinq principes fondamentaux :

1. respect mutuel de la souveraineté et de l'intégrité territoriale ;

2. non-agression mutuelle ;

3. non-ingérence mutuelle dans les affaires intérieures ;

4. égalité et intérêts réciproques ;

5. coexistence pacifique.

Ces principes seront progressivement élargis au fur et à mesure des bouleversements sociopolitiques intervenus en Chine, après la mort de Mao Ze Dong, et également dans les pays africains. La coexistence pacifique, l'égalité, les avantages mutuels et l'inconditionnalité de l'aide, en effet, seront réaménagés pour fonder l'aide étrangère chinoise après 1976.

Pour la mise en œuvre de ces principes, la Chine déclare alléger le fardeau des pays bénéficiaires, obtenir un résultat rapide, consentir un investissement peu coûteux, utiliser l'équipement et le matériel de la meilleure qualité produite en Chine, l'assistance technique, le savoir-faire et l'expertise chinois.

Les réformes libérales menées à partir de 1978 ont eu pour impact un développement fulgurant du commerce et des entreprises chinoises, orientant la Chine vers des considérations de marché et d'efficacité économique. La RPC va ajuster son économie et sa politique d'aide étrangère par des principes de diversité de forme et le développement commun : une aide conforme à la capacité économique de la Chine, la coopération gagnant-gagnant dans la collaboration économique avec les pays en développement, la promotion des exportations et l'accès aux marchés. L'application de ces nouveaux principes a modifié le volume et la structure des fonds d'aide.

Ces nouveaux principes et stratégies de l'aide extérieure chinoise ont été appliqués ces dernières années par la Chine émergente, avec pour objectif de faire des sociétés chinoises l'instrument principal de la coopération sous forme de paquet global. En Afrique, dans plusieurs pays dont la Guinée, la Chine propose ce mécanisme de coopération sur la base de nouveaux principes directeurs :

- soutien des deux gouvernements ;

- négociation/exécution des chantiers d'exploration et d'exploitation minière, de construction d'infrastructures ;

- financements promus aux bénéfices mutuels et avantages réciproques par les entreprises et compagnies chinoises, dans un processus de coopération à long terme, selon le modèle de libre marché ;

- programmation d'une coopération à court, moyen et long termes pour satisfaire aux besoins en ressources minières des entreprises chinoises, et aux besoins en infrastructures des parties contractantes ;

- amélioration du mécanisme de coopération en mettant en place une structure mixte, comité interministériel et désignation de points focaux ;

- constitution d'un groupe de travail ad hoc en fonction des différentes missions des cellules du groupe de travail de la Banque de Développement de Chine.

Section 4. La Chine et la République de Guinée

La Guinée et la Chine ont échangé de nombreuses missions d'État et des visites officielles de délégations gouvernementales de haut niveau, en plus de la participation à des manifestations économiques et culturelles comme les foires économiques. Des commissions mixtes seront mises en place pour définir les bases de la coopération bilatérale.

Le premier président guinéen, A. Sékou Touré, avait effectué une visite officielle en RPC du 10 au 14 septembre 1960. Un Traité d'Amitié sino-guinéen fut conclu, pour dix ans, à l'issue de cette visite. Ledit Traité sera signé le 13 septembre 1960 par le Représentant plénipotentiaire de la RPC, Chou-En-Laï, Premier ministre et Président du conseil d'État, et le Représentant plénipotentiaire de la République de Guinée. Le Traité sera exécuté sur la base des principes ci-dessus. Les deux parties ont consenti au départ à développer les relations économiques et culturelles entre les deux pays dans l'esprit des principes de coexistence pacifique et de l'internationalisme prolétarien.

Mao Zedong enverra, du 21 au 27 janvier 1964, une mission d'État en Guinée incluant le Vice-Président de la RPC, Chen-Yi, conduite par Chou-En-Laï. Dans les régions de Kindia et Labé, les populations massivement mobilisées scandaient des slogans sur l'amitié sino-guinéenne. Dans un communiqué conjoint, la nécessité de rétablir la Chine dans ses droits légitimes à l'ONU fut réaffirmée.

Sous le régime du PDG, la Chine communiste a appuyé la réalisation du Plan triennal par la réalisation d'industries de substitution aux importations, des infrastructures sociales, la construction de bâtiments de souveraineté par une coopération technique incluant une formation massive de Guinéens en Chine et l'apport d'expertise chinoise dans les secteurs stratégiques.

Le général Lansana Conté, successeur du Président Sekou Touré à partir d'avril 1984, avait, lui aussi, effectué une visite d'État en Chine en juin 1996 au cours de laquelle il a négocié notamment des projets de coopération agricole.

La coopération nouée au cours de la première République a été consolidée au cours des deux régimes militaires (deuxième République et CNDD), même si la stratégie a changé en Chine et en Guinée. Le traité d'Amitié sino-guinéenne est resté en vigueur, mais les relations entre les deux pays ont évolué. Ils ont décidé de renouveler leur cadre de coopération. En effet, à la faveur d'une réunion organisée par le Conseil National pour la Démocratie et le Développement (CNDD) et les autorités chinoises en 2009 à Huhan, l'idée d'un paquet global de coopération avec la RPC a émergé. Il s'agit d'une sorte de *joint-venture* chargée de l'exploration et de l'exploitation des concessions visées, sur financement de la China Development Bank (CDB), d'objectifs stratégiques à long terme. Le gouvernement guinéen a présenté des projets d'investissements lourds de 22 milliards USD à promouvoir par la Chine sous forme d'exploration de ressources minières (bauxite, fer, or, diamant), de troc avec des infrastructures. Le fer, la bauxite, l'or et le diamant de Guinée sont attractifs à l'investissement des entreprises chinoises qui, avec la CDB, devaient constituer les mécanismes de financement des opérations d'envergure. Il s'agissait d'un troc « concessions minières » contre une assistance financière de 15 méga-projets dans les domaines de l'agriculture, de l'énergie et de l'hydraulique, des infrastructures de transport.

En septembre 2011, le président guinéen Alpha Condé a effectué une visite d'État en Chine au cours de laquelle il a reçu en audience des chefs d'entreprises, notamment pour la construction du barrage de Kaleta avec la compagnie China Water and Energy (CW), et les dirigeants d'EximBank Of China, une banque spécialisée dans le financement de projets de coopération internationale, auprès de laquelle la Guinée avait déjà déposé 4 projets de financement. En effet, en plus du barrage de Kaleta, la Guinée sollicitait le financement d'un projet de construction d'une usine thermique d'électricité à Manéah avec une puissance de 42 Mégawatts, la modernisation et l'extension de la société de téléphonie publique, Sotelgui, et un projet d'irrigation et de culture de l'hévéa en région forestière.

Selon le communiqué du Bureau de Presse de la Présidence repris dans le site www.conakrylive.com, lors de la rencontre de M. Alpha Condé avec M. Hu Jintao, président de la République de Chine, celui-ci a assuré que la Chine va élever les relations sino-guinéennes à un nouveau niveau. Les deux présidents ont procédé à un échange de vues approfondi sur la consolidation et le renforcement des relations d'amitié et de coopération entre les deux pays et sont parvenus à un large consensus. Selon Hu Jintao, dans le domaine politique, il faut que des dirigeants de haut niveau de différents services gouvernementaux et les autorités législatives des deux pays renforcent leurs contacts et promeuvent les coopérations. En matière d'économie, les deux parties doivent appliquer, dans les faits, les résultats du consensus, exploiter les potentiels de coopération et élargir le champ de celle-ci sur les questions d'affaires régionales et internationales ; la Chine et la Guinée doivent aussi appeler la communauté internationale à déployer davantage d'attention et de soutien à l'Afrique pour promouvoir ensemble la paix et le développement mondial. Les sociétés chinoises sont assujetties aux décisions politiques. Le Président Alpha Condé a déclaré qu'il entend s'attacher, avec la Chine, à pousser sans cesse le développement des relations d'amitié et de coopération sino-guinéennes. Après Beijing, le président Alpha Condé a visité Shanghaï où il a poursuivi des audiences avec des hommes d'affaires chinois

La coopération bilatérale a pour instrument privilégié les commissions mixtes dont la Ve session s'est tenue en avril 2011, à Conakry. Les discussions bilatérales ont abouti à la signature d'un accord conclu avec la China Development Bank pour la fourniture de matériels médicaux à l'hôpital de Kipé, récemment inauguré, pour 11 millions de yens, un appui institutionnel à l'administration (5 millions de yuans), la construction de 4 écoles primaires et de forages.

Une association d'amitié guinéo-chinoise a été mise en place lors d'une réunion au Palais du peuple (construit par la Chine en 1967). Ses responsables estimaient que 300 familles guinéennes étaient déjà légalement établies en Chine. De plus en plus de Guinéens, hommes et femmes, voyagent en Chine et nouent des relations d'affaires avec les entreprises chinoises dont certaines se spécialisent dans des activités de production et de fournitures de produits chinois pour les marchés africain et guinéen. La promotion de l'Institut Polytechnique de Conakry sortie en 1975 fut baptisée du nom du Président Mao Tsé Toung. Constituée de jeunes cadres talentueux occupant de hautes fonctions administratives, tous profils confondus, elle s'est organisée en une association qui célèbre chaque année son anniversaire auquel est convié l'ambassadeur de Chine en Guinée.

En mars 2012, le ministre conseiller à la Présidence chargé des questions stratégiques a été nommé par le Président de la République comme coordonnateur de la coopération sino-guinéenne. Il est chargé, entre autres, de négocier et de suivre les financements consentis avec la China Development Bank.

CHAPITRE II

L'AIDE PUBLIQUE AU DÉVELOPPEMENT ET LES DOMAINES DE CONCENTRATION DE LA COOPÉRATION

2.1 L'aide chinoise au développement

Section 1. Première République

Le régime communiste chinois avait institué une coopération bilatérale consistant en dons et prêts consentis à la Guinée, de 1959 à 1984, sous forme d'accords économiques, financiers, techniques et commerciaux. Le premier accord de prêt entre les deux pays, datant du 13 septembre 1960, consacrait la participation de la RPC au financement du plan triennal de développement 1960-1963. Selon un bilan fait au 50ème anniversaire de la coopération sino-guinéenne, les prêts liés aux accords économiques et techniques ont constitué 70 % environ des engagements financiers chinois, appuyant principalement la réalisation d'infrastructures industrielles, la production énergétique et l'agroalimentaire.

Les prêts commerciaux ont été octroyés surtout pendant la période difficile, de 1970 à 1975. Ils finançaient des prêts en marchandises accordés aux entreprises publiques, l'importation de biens de consommation courante, par des entreprises d'État, telles que la Quincaillerie de Guinée (ustensiles et matériels divers), Sonatex (Textiles),

Bâtiport (ciment et accessoires de construction), Confection de Guinée (tissus confectionnés divers), Enimob (mobilier) et Pharma Guinée (produits pharmaceutiques).

Les lignes de crédit étaient consenties sous forme de prêts financiers à long terme destinés à la fourniture de biens ou services d'origine chinoise à des taux nuls ou ne dépassant pas 2 ½ %, avec une période de remboursement de 15 à 25 ans et un différé de 15 à 19 ans.

Les prêts et dons bilatéraux à la Guinée sont présentés dans les tableaux en Annexe.

Il ressort que sous la Première République, jusqu'au début de l'année 1985, 18 Accords de coopération technique, économique, culturel et commercial ainsi que de prêts financiers et en marchandises avaient été conclus entre les deux pays. La contribution chinoise au développement avait permis d'accompagner l'installation du secteur économique d'État, y compris l'impression d'une monnaie autonome, le Franc Guinéen en Chine ; à partir de 1970, il y a eu des Accords en marchandise, de crédit financier et des prêts commerciaux, sans intérêts et des prêts concessionnels.

Section 2. Deuxième République

Entre 1986 et fin 2008, ce sont huit (8) Accords de prêts sans intérêt qui furent signés, en plus de Dons divers au gouvernement.

Même si la Chine n'applique pas le principe de conditionalité, à partir de 1986, la coopération bilatérale s'est ralentie, en raison des changements politiques et d'orientation économique dans les deux pays.

Les évènements politiques anticonstitutionnels de décembre 2008 ont conduit à l'interruption de la coopération avec la communauté internationale. Cependant, au moment où celle-ci a tourné le dos à la Guinée, on a noté un regain d'intérêt des sociétés privées chinoises pour la Guinée. La coopération sino-guinéenne fut dynamisée et le principe d'un partenariat stratégique avec un paquet global fut proposé par les deux parties (voir Tableau 4 en Annexe).

Section 3. Troisième République

Si la coopération bilatérale est en baisse tendancielle, elle est toujours recherchée et adaptée aux besoins du pays depuis le retour à l'ordre constitutionnel en fin 2010. Les deux pays se sont engagés à renforcer le cadre juridique et institutionnel de promotion des investissements et à favoriser la coopération avec les entreprises.

Ils ont organisé de nombreuses visites d'Etat, la 5ème commission mixte, des consultations inter gouvernementales, des commissions conjointes ou des échanges de notes. Le pays s'est proposé de s'orienter vers des financements innovants et un partenariat public–privé avec les pays émergents.

En février 2011, le ministre chinois des Affaires étrangères a séjourné en Guinée, dans le cadre d'une tournée africaine ; au cours de ce séjour, deux Accords de coopération ont été signés, soit une subvention de 150 millions de yuans et un prêt sans intérêt de 20 millions de yuans pour des projets à identifier. En avril 2011, il a été procédé à la remise officielle d'un Don d'équipement de télécommunication par la Société chinoise Huaweï Technologie ; le Don comprenait un système de vidéoconférence, la relance du centre de Technologie de l'Université de Conakry, 7 bourses d'études, la mise en place de 100 kiosques et matériels de maintenance de téléphones portables.

La 5e session de la grande commission mixte de coopération économique, commerciale et technique s'est tenue à Conakry. Un Don a été consenti par la partie chinoise, comprenant 100 bus de transport urbain et interurbain, 50 camions poubelles, 500 tricycles pour le ramassage des ordures, 22 groupes électrogènes et 1000 lampadaires pour l'éclairage public ; la remise officielle du Don a effectivement eu lieu le 21 décembre 2011.

Au cours des consultations bilatérales, la Chine s'est engagée à fournir à l'hôpital de Kipé des équipements et matériels d'une valeur de 10 millions de yuans, un lot de médicaments au centre antipaludéen et la construction de 4 écoles primaires, des projets d'énergie et des forages. La partie guinéenne a présenté une série de projets prioritaires pour considération à la partie chinoise, parmi lesquels se trouvaient l'aménagement de 100.000 ha de terres rizicultivables, la réalisation d'une centrale thermique à Maneah, le projet hydroélectrique de Kaleta, un projet de bauxite/alumine avec Henan Chine International, le projet d'énergies propres et l'exploration géologique des ressources minières. À l'issue des discussions, un Accord de Don de 80 millions de yuans a été signé.

Au cours d'une rencontre entre les deux parties, en juillet 2011, le niveau d'exécution des accords de coopération économique et technique signés à la 5e commission mixte de coopération a été passé en revue ; le démarrage tardif de l'hôpital de Kipé, trois mois après sa remise officielle au gouvernement a fait l'objet de la préoccupation des deux parties. Les problèmes à résoudre concernaient, entre autres, le logement des médecins chinois.

Deux conventions de financement de 90 millions de yuans ont été signées avec la Chine, le 30 septembre 2011 : 70 millions en Don et 20 millions en prêt sans intérêt pour des projets de développement. En décembre 2011, en plus de la remise officielle des Dons promis de la 5e Commission Mixte, deux véhicules tout terrain et un important lot de matériels de bureaux et d'équipements informatiques ont été octroyés au ministère de la Coopération internationale.

La tendance de la nouvelle orientation de la coopération chinoise s'est précisée en 2012 et 2013. En effet, il a été enregistré de nombreuses visites de PDG de sociétés chinoises intéressées par les ressources de la Guinée, des manifestations d'intention d'intérêt pour investir en Guinée, l'organisation d'un forum économique et commercial, des missions d'hommes d'affaires et la signature d'ordonnances de paiements.

Le 16 janvier 2013 eut lieu la réception définitive du Stade de l'Unité de Nongo, financé et construit par la Chine. En mars 2013, une mission technique chinoise a séjourné en Guinée, pour l'installation du groupe électrogène de Boffa et la formation des techniciens de l'EDG en vue de la mise en place prochaine des groupes électrogènes offerts par le gouvernement de la RPC. Le 13 avril, il y a eu une autre remise officielle de Dons et équipements bureautiques pour 11,5 millions de yuans, à l'hôpital de Kipé.

Cependant, le fait dominant a été le renforcement du PPP, notamment entre la société chinoise China Dreal Group et le gouvernement guinéen pour deux grands projets dans l'immobilier à Kipé centre émetteur (Plaza Diamants) et à Lambanyi (Nouvelle Ville de Conakry) pour un investissement de 8 milliards USD. Cette initiative conclue en mai 2013 a été officiellement inaugurée le 28 octobre 2013 par le Chef de l'État. La réception de la Cité internationale Plaza Diamants était effective en février 2015.

En 2014 et 2015, la Chine a apporté une contribution substantielle à la riposte contre le virus Ebola à travers des Dons en nature et équipements et une contribution financière de 5 millions USD au fonds fiduciaire de relance post-Ebola.

2.2 Les domaines de concentration de l'APD chinoise

2.2.1 La réalisation d'édifices publics, d'infrastructures sociales et de bâtiments de souveraineté

La RPC a financé et construit en Guinée des infrastructures de développement et des édifices de souveraineté, parmi lesquels :

- le Palais du Peuple, construit du 1er janvier 1966 au 1er septembre 1967, inauguré le 24 septembre 1967 avec un coût global de 11,5 millions de yuans. Il a bénéficié de rénovations en 1988, 1995, 2000 et partiellement en 2008 ;
- le Monument du 22 novembre 1970 ;
- le Jardin du 2 octobre ;
- le Palais de la République Sékoutouréya (1996 – 1998, 7 millions USD) ;
- la Maison de la RTG de Koloma 2 ;
- les Centres d'émissions en ondes courtes à Labé, Kankan et Nzérékoré ;
- le Stade de Nongo ;
- l'hôpital sino-guinéen

Une assistance technique chinoise assure la réhabilitation des ouvrages et aussi la maintenance des édifices importants.

2.2.2 La coopération chinoise pour le développement agricole et la protection de l'environnement

a. Sous la Première République

L'aide alimentaire est venue, dès les premières années de l'indépendance, combler le déficit alimentaire du pays. L'aide alimentaire américaine (PL 480 et autres) et celle d'autres pays ont également comblé le déficit alimentaire guinéen qui ne fera que s'approfondir. La RPC fournira plus tard des semences et appuiera la construction, à Mamou, d'une usine de production de petit matériel agricole (USOA), aujourd'hui disparue.

La Chine a également appuyé la création d'une sucrerie à Koba, SUKOBA, dans la préfecture de Boffa ; la culture de canne à sucre devait permettre la production de sucre et d'alcool.

b. Sous la Deuxième République

Durant la Deuxième République, la Société SIGUICODA (Sino-Guinéenne de Coopération au Développement Agricole) a été créée sur l'ancien site de la SUKOBA. Elle est financée à 80 % par la Chine et à 20 % en nature par la Guinée qui octroie 1800 ha de terres. Elle vise la production de riz hybride à haut rendement et à cycle court de 3 à 4 mois pour 2 récoltes par an, en hivernage et en saison sèche. Le projet inclut une ferme avicole, une usine d'aliments pour volaille, une fabrique de sacs d'emballage et un encadrement des paysans pour la vulgarisation.

Aujourd'hui, Siguicoda ne répond pas aux normes de coopération ; le projet semble plus politique qu'économique ; de 1997 à 2007, seul le volet élevage a fonctionné avec la partie chinoise, sans nouvel Accord ; le gouvernement envisageait une nouvelle forme de coopération agricole aec la Chine.

Par ailleurs, dans les années 1990, la Société China International Fisheries Corporation avait conclu un engagement pour la location – vente de 8 navires chinois par les sociétés guinéennes de pêche. En janvier 1997, un accord de pêche a été signé entre les deux gouvernements autorisant 23 chalutiers chinois à exercer leurs activités dans la Zone

Economique Exclusive guinéenne, ZEE, pour 3548 tonneaux de jauge brute. Des mémorandums annuels ont été adjoints jusqu'à nos jours fixant les possibilités de pêche dans les eaux guinéennes et la compensation financière exigible.

En 2008, le projet de paquet global négocié avec la RPC comportait un important volet agricole qui prévoyait notamment la réhabilitation et la mise en valeur de 10.000 ha de terres, des infrastructures d'accès aux marchés agricoles dans les quatre régions naturelles et l'aménagement hydro-agricole.

Dans le secteur de l'environnement, la coopération avec la Chine doit être appréhendée à deux niveaux : la Société Forêt Forte en Guinée forestière et les opportunités en matière d'intervention au plan du développement durable.

La Société Forêt Forte fut créée en 2002, par un promoteur chinois, Kim, un Chinois de Taïwan, qui serait venu du Liberia et à qui le gouvernement de la 2e République avait octroyé un contrat d'exploitation et de transformation industrielle de bois ; il y aurait une convention d'établissement dans les six préfectures de la Guinée Forestière. Il faut cependant souligner que cette région, attenante au Liberia et à la Sierra Leone, avait été fortement affectée par les guerres civiles dans ces deux pays voisins. À cause du séjour prolongé des réfugiés qui représentaient, certaines années, 10 % de la population résidente, la zone forestière guinéenne était fragilisée.

La convention de Forêt Forte avait autorisé la réalisation de projets de raffinerie de la société CPIC et le commerce de bois guinéen expédié en Chine et dans la sous-région. Forêt Forte réalise une gamme de produits de bois semi-finis et finis, de contreplaqués pour le marché local et la sous-région.

L'exploitation intensive du bois a entraîné une menace sur le patrimoine forestier, la disparition progressive de la forêt. La déforestation intensive du couvert végétal subéquatorial aurait eu, entre autres, pour impact, la migration d'espèces animales vers la Côte d'Ivoire et le Liberia.

L'arraisonnement des conteneurs de bois d'exportation vers la Chine et d'autres destinations lors des émeutes de janvier/février 2007 a entraîné une baisse du coût du bois d'œuvre dans le pays.

Sous la Troisième République, l'activité de la société chinoise fut suspendue le 30/12/2010 par un Arrêté du Premier ministre qui interdisait la coupe et l'exportation du bois sur toute l'étendue du territoire. L'autorisation de reprise des activités de la Société Forêt Forte a été signée le 20 août 2013. La société continue ses activités et, en principe, il n'y a pas d'autorisation d'exportation de bois brut.

La société chinoise doit contribuer à restaurer l'environnement en Guinée forestière, en respectant le droit des communautés et ses engagements conventionnels. La coopération chinoise devra ainsi aider le gouvernement à mettre en œuvre ses engagements en matière de développement durable à l'horizon 2030.

2.3 L'appui au développement industriel, à l'énergie et aux mines

2.3.1 Industrie

a. Sous la Première République

Dans les années soixante, un certain nombre d'unités industrielles d'import-substitution avaient été implantées avec l'assistance de la RPC, l'exécution des deux premiers Plans de développement (Plan triennal et Plan quinquennal) reposant essentiellement sur les apports de la RPC et des pays du bloc soviétique. Ces unités industrielles seront liquidées en 1986 ; certaines furent reprises sans beaucoup de succès et la plupart sont aujourd'hui encore fermées, si elles n'ont pas disparu. Les petites industries réalisées clefs en main par la Chine étaient généralement bien appréciées par les populations ; elles souffriront de l'insuffisance de matières premières et d'énergie ; aujourd'hui, il n'en reste que des vestiges.

Parmi elles, il y a l'ENTA, l'Entreprise Nationale des Tabacs et Allumettes, située au km 24 de Conakry, qui fut créée le 19 novembre 1964 pour une capacité de 48.000 cartons de cigarettes ordinaires par an, 36.000 cartons de cigarettes à bout filtre et 60.000 cartons d'allumettes de sûreté. L'entreprise employait un effectif de 1463 travailleurs répartis dans 7 sections. Elle sera privatisée et reprise, sans succès, sous la Deuxième République sous le nom d'ENTAG.

L'Usine de thé de Macenta a été créée en 1968 pour une capacité de 150 tonnes de thé raffiné et l'Huilerie de Dabola en 1970 pour une capacité de 10.000 tonnes d'arachides coques, soit 7.500 tonnes d'arachides graines avec un personnel de 77 travailleurs. Il y eut aussi la Briqueterie de Kankan, construite de 1970 à 1972 pour une production de 15.000 briques cuites par jour et l'Usine d'outillages agricoles de Mamou, USOA, mise en fonction en 1974 avec la fabrication en moyenne de 950.000 pièces par an et un personnel de 67 salariés.

Quant au complexe agro-industriel sucrier de Koba, la SUKOBA, datant de 1976, sa capacité installée était de 6.000 tonnes par an de sucre de canne blanc et de 720.000 litres d'alcool, avec un personnel de 696 travailleurs. Reprise et relancée avec d'autres bailleurs de fonds, son patrimoine servira plus tard comme contribution de la Guinée au capital de la Siguicoda.

2.3.2 Énergie

En dépit d'un potentiel important, la disponibilité de l'énergie électrique pour les besoins domestiques et de développement est restée un défi majeur au développement de la Guinée. Le déficit énergétique fut une des causes de l'échec du tissu d'industries légères construites avec le soutien de la Chine et d'autres partenaires au développement. Au début de l'indépendance, de nombreux projets énergétiques étaient identifiés parmi lesquels le barrage hydroélectrique de Souapiti sur le Konkouré et de nombreux barrages de dimension moyenne. La Guinée a adhéré aux regroupements sous-régionaux constitués autour des grands fleuves ouest-africains, comme l'Organisation de la Mise en Valeur du Fleuve Sénégal (OMVS), l'Autorité du Bassin du Niger (ABN) ou l'Organisation de la Mise en Valeur du Fleuve Gambie (OMVG) qui offrait des opportunités d'approvisionnement en énergie pour la Guinée.

Il faut noter cependant que c'est l'assistance financière et technique de la RPC qui a permis de construire les premières centrales hydroélectriques. Il s'agit de celle de Kinkon à Pita (3,2 MW) sur le Kokoulo qui alimente les villes de Pita, Labé, Dalaba et Mamou, et de celle de Tinkisso à Dabola, qui devait desservir Dinguiraye et Faranah en Haute-Guinée. Celle de Kinkon sur le fleuve Kokoulo, construite de juillet 1964 à mai 1966, fut réalisée pour un coût de 21.990 millions de yuans. Elle se compose d'une retenue d'eau de 3 hm^3, d'une conduite, d'un bâtiment d'exploitation pour 4 unités identiques x 0,8 MW, d'une chute de 89 m et le débit unitaire des turbines est de 1.175 m3/s. Au départ, une ligne de haute tension de 90 km a relié Kinkon, Pita et Labé (4.160 millions de yuans). En 1968-1969, 16 km de ligne HT furent construits pour connecter Dalaba (660 millions de yuans) et, en 1970, Mamou fut relié au réseau de Kinkon par une ligne HT de 76 km (3.180 millions de yuans), puis au réseau national interconnecté de Garafiri. Des rénovations périodiques ont été opérées sur les turbines, les alternateurs et les excitatrices en décembre 1988 et en août 1991. Pour pallier les défaillances techniques et les contraintes climatiques, une autre rénovation par la Chine a permis d'améliorer légèrement la productivité de Kinkon.

b. Sous la Troisième République

Aujourd'hui encore, les perspectives de la fourniture d'électricité en Guinée s'appuient principalement sur la coopération avec la RPC. Un diagnostic du secteur énergétique de janvier 2010 révèle une dégradation chronique des capacités de production, de transport et de distribution énergétiques du pays. Au total, la capacité de production installée théorique est estimée par l'EDG à 287.56 MW, dont 157.06 MW pour le thermique et 130.5 pour l'hydraulique. Des générateurs sont utilisés dans certaines préfectures. Ces dernières années, le déficit de la production a été aggravé par le recours à du mazout inadapté. Le réseau souffre du vandalisme de pylônes de haute tension, de la fraude, des branchements clandestins, des surcharges des postes sources, du manque de pièces de rechange et de difficultés financières. Dans la capitale, beaucoup de ménages et de prestataires de services utilisent des groupes électrogènes.

Quelques installations d'énergie solaire existent à Conakry et dans certaines mosquées et habitations de l'intérieur du pays. Le réseau Garafiri, construit entre 1995 et 1999, d'une capacité 80,4 MW (dont 75 MW disponibles), ne peut pas satisfaire les besoins énergétiques croissants du pays.

Acculées par les revendications incessantes de la population, les autorités ont initié un plan de modernisation du réseau électrique. Des groupes électrogènes sont importés à des coûts élevés. C'est dans ce cadre que le gouvernement chinois a offert des lampadaires pour la capitale et des villes de l'intérieur.

Le plan de réhabilitation et d'accroissement des capacités de production, thermique et hydraulique, repose sur l'amélioration de la gouvernance du secteur, notamment de la distribution et de la commercialisation de l'énergie électrique. Pour y parvenir, la Guinée bénéficie du soutien de certains partenaires extérieurs, tels que la Chine. Le ministère guinéen de l'Économie et des Finances et la China International Water and Electricity Corporation (CIWE) représentée par son Vice-Président M. Li ont signé le 13 août 2011 un contrat pour la construction d'un barrage hydroélectrique de 240.5 MW à Kaléta, dans la préfecture de Dubréka. Le coût du projet estimé à 526 millions USD devrait être financé à hauteur de 25 % par le gouvernement et de 75 % par la société chinoise. La direction du projet Kaleta installée dans un immeuble de Kaloum flambant neuf est entrée en activité en décembre 2011. Dans le cadre de ce projet, CIWE devait participer à la construction d'une route de 70 km, électrifier deux autres localités et construire une ligne de transport de l'électricité de 146 km. Le barrage comprendra trois turbines avec un volume d'eau de 23 millions de mètres cubes. Le délai d'exécution est de 48 mois. Le projet Kaléta est devenu opérationnel à la mi-2015. Il est inclus dans le réseau connecté de la CEDEAO et devrait consacrer 30 % de sa production à l'exportation vers les pays voisins.

La réalisation du barrage de Kaléta a permis d'améliorer sensiblement l'approvisionnement en électricité du pays, à Conakry et dans certaines villes de l'intérieur.

Dans la même zone, le Chef de l'État a lancé, le 22 décembre 2015, la construction du barrage de Souapiti, de 515 MW, qui doit durer 58 mois et coûter 1,500.000 milliards USD. Le financement sera assuré par Eximbank de Chine et d'autres bailleurs de fonds, sous forme de partenariat public-privé. La CIWE reste le maître d'œuvre et les travailleurs les mêmes que pour le barrage de Kaléta.

Construction du barrage de Kaléta par des Chinois et des Guinéens

2.3.3 Mines

c. Deuxième et Troisième Républiques

Avec la montée en puissance de la Chine, les groupes privés chinois sont fortement attirés par les ressources naturelles et énergétiques du pays. Dans le paquet global, il était projeté, sur la base de la stratégie gagnant-gagnant, de réaliser des infrastructures financées par Eximbank of China pour la valorisation des immenses ressources en bauxite du pays.

La Société internationale de développement des mines de Henan, présente en Guinée à travers sa filiale du même nom, avait obtenu, en mars 2007, un permis de prospection minière pour les mines de bauxite de Télémélé et Boffa, dans la région administrative de Boké. Les réserves de bauxite sont estimées à 520 millions de tonnes et la teneur à 46 %. Un arrêté de juin 2007 a modifié ce permis et ouvert des négociations à l'issue desquelles la compagnie chinoise obtiendra un permis d'exploitation le 25 octobre 2010. La concession a une durée de 25 ans et l'exploitation se fera en deux phases. Selon les termes de la convention, l'investissement prévu est de 7,6 milliards USD au cours de la première phase pour une production de 15 mtpa de bauxite dont 10 mtpa à l'exportation et 5 mtpa pour la transformation sur place. Au cours de la seconde phase, la production prévue est de 20 mtpa dont 10 mtpa à l'export et 10 mtpa pour la transformation sur place.

Au sein du Projet d'extraction du minerai de fer du Simandou (blocs 3 et 4) dans le Sud-Est de la Guinée, la société anglo-australienne Rio Tinto s'est associée au gouvernement guinéen, à Chalco (une filiale de Chinalco) et à la SFI. Il prévoit la construction de la mine, près de 700 km de voie ferrée à travers la Guinée et un port en eau profonde au sud de Conakry, dans la préfecture de Forécariah.

Selon un communiqué du 25 avril 2012, Rio Tinto a finalisé avec Chalco la constitution d'une *joint-venture* dans le cadre de Simandou. Le consortium, dirigé par Chalco, a versé 1,35 milliard USD, conformément à un accord conclu en mars 2010. Rio Tinto et Chalco participent au consortium pour 53 % et 47 % resctivement, soit un pourcentage respectif de contrôle du projet de 50,35 et 44,65. Le reliquat de 5 % est détenu par la SFI.

Dans le cadre de son engagement pour la mise en œuvre du grand projet minier de Simandou, le Chef de l'État guinéen, après un entretien avec la société Rio Tinto, a reçu dans la matinée du 10 juillet 2012, à Conakry, Zhang Xiaoqiang, vice-président de la Commission d'État chargé de la Réforme et du Développement de la République populaire de Chine, accompagné des représentants de Chinalco, Henan Chine, CPI (China Power Investment) et CDB (China Development Bank).

Un communiqué de la Présidence guinéenne rapporte que ces partenaires chinois étaient venus discuter de la revue et de la mise en œuvre du projet Simandou et principalement du démarrage rapide des travaux préliminaires, en l'occurrence la construction du chemin de fer et le port d'évacuation du minerai de fer.

Selon ce communiqué, la détermination des investisseurs chinois à appuyer la Guinée dans la mise en valeur de ses ressources minières était perceptible. Le souhait de la Guinée, à ce stade, était que la China Development Bank (CDB) assure le financement des 10 milliards de dollars américains, représentant les 51 % de la part d'actions du gouvernement guinéen dans ce projet où les infrastructures ferroviaires et portuaires reviennent à la Guinée.

À l'issue de l'entretien, Zhang Xiaoqiang, a indiqué : « L'objet de ma visite est de promouvoir les relations de coopération entre la Guinée et la Chine dans le domaine économique et particulièrement le secteur minier. Nous avons discuté des sujets importants pour la mise en œuvre du projet Simandou. Il s'agit du financement de la construction des infrastructures ferroviaires et portuaires, ainsi que de l'assurance de l'évacuation des minerais de fer du projet Simandou d'ici 2015 ».

Le conseiller à la Présidence chargé des grands projets a précisé que la Commission de Réforme et de Développement est l'organe politique chinois qui prend toutes les décisions économiques. En fait, tous les investissements au-delà de 300 millions de dollars doivent être approuvés par ce comité politique qui supervise les sociétés et les banques. La CDB est déjà engagée en Guinée et finance les deux projets d'Alumine de Henan Chine et CPI. C'est pourquoi ces deux entreprises sont représentées dans le groupe.

Il faut noter l'arrivée de plusieurs sociétés chinoises sous la transition politique, en 2009/2010, avec Quensway group et ses filiales China International Fund et China Sonangol, intéressées à plusieurs opérations. Des transactions avec ces sociétés seront jugées plus tard entachées de corruption impliquant des officiels guinéens.

Par ailleurs, Bellezone, une compagnie australienne, est en *joint-venture* avec China International Fund pour exploiter deux gisements de fer à Kalia dans Faranah (13 milliards de tonnes de réserves) et à Yomboyéli dans Forécariah dont le permis d'exploitation a été octroyé à la fin mai 2012. Le gisement de Forécariah, découvert en 1931, a des réserves estimées à 25 millions de tonnes. L'évacuation du minerai devrait se faire par camions de 100 tonnes jusqu'au port de Konta dans Forécariah, déjà aménagé et qui sera utilisé à titre provisoire en attendant la fin des travaux du port en eau profonde de Matakang. La production annuelle prévue est de 6 millions de tonnes et devrait s'étaler sur 10 ans. Cependant, la société Forecariah mining company constituée à cet effet n'a pas prospéré, dénoncée par des parlementaires et était sous menace de disparition en 2016.

Plusieurs sociétés minières évoluent en Guinée maritime très riche en bauxite. Si Friguia est en voie de dislocation, les compagnies chinoises sont bien présentes dans la zone de Boké ; China Power Investment (CPI, Boffa), Henan Chine (Boké) et la Société minière de Boké (SMB), Bel Air Mining (Boffa). Avec Chinalco, partenaire dans le Projet Simandou, CPI et Henan Chine sont officiellement enregistrées. Il n'a pas été possible d'avoir des données fiables sur des sociétés comme CDM Chine, Sodefa ou encore des sous-traitants comme United mining logisticset Wiming logistics. La Société Minière de Boké (SMB) regroupe plus de cinq sociétés réunies en consortium pour exploiter la bauxite dans le district de Katougouma, à 22 km de Boké. L'exportation des premières tonnes de bauxite a été inaugurée par le Président de la République le 13 mars 2015 ; SMB est basée à Kaboé ; le transport de la mine au port aménagé pour l'exportation est assuré par l'Alliance mining logistics. L'Alliance internationale et West Africa Protection (WAP) sont chargées de la sécurité et de la surveillance à l'intérieur du port.

CHAPITRE III

LE COMMERCE SINO-GUINÉEN

3.1 Quelques caractéristiques des transactions commerciales avec la RPC

Depuis les années 2000, la Chine est devenue un partenaire commercial incontestable sur le marché guinéen ; d'environ 2 % en 1987, elle a dépassé les 10 % depuis 2002 et affiche plus de 15 % de parts de marché depuis 2006. Il s'agit surtout d'un commerce d'importation de produits manufacturés florissant et de quelques exportations limitées de produits miniers. Si les articles destinés à être vendus à une majorité de citoyens au pouvoir d'achat faible prédominent, il y a aussi des marchandises haut de gammes incluant des produits de l'électronique grand public et de l'électroménager.

Le commerce d'importation sino-guinéen croît de façon remarquable. Même s'il n'est pas réputé créer beaucoup d'emplois, il constitue une occupation importante du secteur informel guinéen et dans une certaine mesure un moyen de réduction de la pauvreté. L'examen des tables d'importation en provenance de Chine indique que les articles importés sont expédiés de différents lieux de production en Chine. Les usines sont conçues en fonction des pays destinataires des produits ; les pays occidentaux comme les États-Unis ou ceux d'Europe occidentale exigeants en matière de contrôle de qualité importent des marchandises de bonne qualité. La qualité moindre des produits fabriqués et importés en

Afrique et notamment en Guinée n'est pas un choix délibéré des Chinois ; c'est semble-t-il le fait des importateurs africains qui, en toute connaissance de cause, s'orientent vers les usines les moins chères et achètent en vrac, par kilogramme, et peu coûteux. Les Chinois ouvrent chez eux des ateliers d'assemblage de produits bon marché, de moindre qualité, sans garantie mais ne le cacheraient pas à leurs clients. C'est donc à ces derniers de s'orienter vers des fabrications de qualité bonne ou moyenne, sans se contenter de profits rapides et du faible pouvoir d'achat de la population. Les autorités devraient aussi renforcer le contrôle douanier et refouler les produits hors normes et sans garantie.

Les exportations guinéennes vers la Chine sont restées faibles, avec quelques rares produits : bois et lièges, poissons, caoutchouc brut, métaux non ferreux qui sont, pour la plupart, exportés de façon non continuelle. Jusqu'à la fin des années 2000, la part des exportations vers la Chine dans les exportations totales de la Guinée n'excédait pas les 0,01 %. Depuis, cette part s'est améliorée, avoisinant 1 % environ, avec l'exportation de nouveaux produits notamment les métaux précieux, représentant plus de 92 % des exportations de la Guinée vers la Chine en 2002. Le bois brut ou scié constitue l'essentiel de ces exportations sur les autres périodes.

3.2 Le commerce de produits chinois au marché de Madina

Pour mieux appréhender la réalité des transactions sur les produits et articles chinois, les responsables de l'Association guinéenne des commerçants du secteur informel du marché (AGSI) de Madina, sollicités, ont bien voulu apporter de précieux renseignements à ce sujet. Une autre rencontre avec une organisation de protection des droits des hommes d'affaires organisés a permis d'appréhender l'impact du commerce des produits chinois à l'échelle nationale.

Un commerçant chinois et ses clients au marché de Madina

3.2.1 Association Guinéenne du Secteur Informel (AGSI)

Le 25 octobre 2011, l'auteure s'est entretenue avec les responsables de cette organisation du secteur informel à son siège à Madina. Selon les interlocuteurs, au cours des dernières années, le marché guinéen a été inondé par les produits chinois, aussi bien de bonne que de médiocre qualité. Même les produits achetés par les commerçants guinéens en Arabie Saoudite, à la Mecque durant le pèlerinage, à Singapour ou ailleurs sont fabriqués en Chine. Dubaï, par exemple, n'a pas d'usine ou de fabrique industrielle, mais négocie des contrats avec les industriels chinois pour un monopole de vente de certains articles fabriqués en Chine. C'est le cas des articles de l'électroménager, avec la marque SOLSTAR pour les frigidaires, les climatiseurs ou les ventilateurs produits en Chine et exclusivement livrés à Dubaï, à l'Indonésie et à la Malaisie. L'Inde et la Turquie, contrairement à cette pratique, fabriquent et offrent leurs propres produits directement au marché extérieur.

À Madina, les Chinois tiennent leurs propres boutiques. Ils pratiquent le commerce de détail, le commerce de gros et demi-gros, mais aussi le commerce de rue, ambulant. Ils sont au moins une centaine de ressortissants chinois actifs, important des produits et articles dans différentes filières, notamment les textiles, les chaussures, la vitrerie aluminium, les téléphones mobiles, les produits alimentaires (purée de tomate, oignon, ail, lait, conserves, etc.). Ils stockent leurs produits dans des magasins de dépôts loués ou à leur domicile.

Boutique chinoise au marché de Madina

Si les produits chinois sont peu chers, leur qualité par contre est diversement appréciée, jugée non garantie pour la plupart. C'est généralement de la pacotille, des marchandises de qualité médiocre, notamment les chaussures. Certains considèrent que les produits importés de Chine par les Guinéens sont meilleurs que ceux importés de Chine par les

Chinois. Les produits fabriqués en Chine et achetés à Dubaï ou ailleurs sous marque chinoise seraient de meilleure qualité. Un coin du marché de Madina nommé AVARIA existe et prospère grâce aux Chinois ; Avaria ne vend pas des produits de seconde main, mais écoule des articles chinois bon marché à une clientèle diversifiée, généralement au pouvoir d'achat faible.

Au marché de Mamou, de jeunes analphabètes et diplômés sans travail font le commerce de produits chinois dans des petits conteneurs. Un d'entre eux a expliqué que 70 à 80 % de ce qu'il vend vient de Chine ; la marchandise expédiée de Chne est redistribuée à l'intérieur du pays par des importateurs grossistes, guinéens ou chinois, établis à Conakry. Dans sa boutique, il étale des téléphones portables, des bougies, des lampes torches, des ampoules, des chaussures, des sacs d'écoliers, etc. Selon lui, contrairement aux articles venant de l'Occident, les produits chinois livrés sur commande sont sans garantie. Il n'y a pas non plus d'avaries et ils sont destinés à une consommation de masse pour les populations démunies. Il explique aussi que les produits indiens ou les friperies occidentales sont de meilleure qualité et plus durables (cas des motocyclettes ou des articles d'habillement) ; les articles chinois attirent par les couleurs et la forme, mais sont moins fiables. Ce sont les produits chinois vendus en Occident ou produits ailleurs, comme à Dubaï, sous licence, qui sont de bonne qualité. Ce jeune revendeur estime que son activité ne l'enrichit pas, mais lui permet de gagner modestement sa vie, au lieu d'aller à l'aventure.

En matière de santé, les Chinois commercialisent des médicaments importés de Chine et livrés dans des conteneurs à des commerçants guinéens qui les revendent au détail.

Ils sont aussi dans le recyclage ; par exemple, ils collectent l'huile de vidange qu'ils recyclent dans une petite fabrique à la périphérie de Conakry pour fabriquer du gazoil considéré comme de mauvaise qualité, avec un impact négatif sur l'environnement. La ferraille ramassée en Guinée est exportée en Chine dans des conteneurs.

Les guerres civiles dans les pays voisins de la Guinée ont renforcé les transactions commerciales sur les produits importés de Chine au niveau de Madina. Avec la reprise dans ces pays, la réexportation des produits chinois a progressivement diminué.

Les Chinois installés à Madina utilisent les pratiques du secteur informel guinéen et ne peuvent plus vendre toujours au comptant. Les grossistes chinois, eux aussi, prêtent leurs marchandises aux détaillants guinéens et vont réclamer le prix de la vente. Les activités du commerce informel ont été ralenties du fait des guerres civiles dans les pays voisins et aussi d'Ebola. Toutefois, la présence des commerçants chinois est de plus en plus visible. Il y a, en réalité, une compétition évidente entre les Chinois et les opérateurs économiques locaux ; on enregistre l'accroissement des droits de douane et la rareté des acheteurs étrangers depuis la fin des guerres civiles dans les pays voisins. Au temps de la guerre civile ivoirienne, par exemple, la zone rebelle se ravitaillait en Guinée. La Sierra Leone et la Côte d'Ivoire ayant cessé de venir s'approvisionner en Guinée, l'environnement des affaires ne s'est pas amélioré, mais les Chinois s'en accommodent.

Si le secteur informel est réputé créateur d'emplois, celui des Chinois fournit seulement quelques emplois subalternes non qualifiés et peu rémunérateurs.

Les petits commerçants chinois du secteur informel de Madina sont recensés chaque année et soumis aux mêmes obligations fiscales que les commerçants guinéens. Les recettes fiscales sont versées dans un compte domicilié à la Banque Centrale de la République de Guinée (BCRG).

Quant aux PME chinoises et aux grandes sociétés, elles sont nombreuses, exerçant dans différentes activités. Elles s'acquittent de leurs droits et taxes au niveau de la direction nationale des impôts, à la division des PME.

3.2.2 Groupe Organisé des Hommes d'Affaires (GOHA)

En juillet 2013, au cours d'une séance de travail au siège du GOHA, l'auteur a eu une présentation sur l'importance et le rôle du commerce des produits chinois en Guinée. Le GOHA est une organisation non gouvernementale de promotion et de protection des opérateurs économiques guinéens, créée en 2003, basée à Conakry et décentralisée. Elle se voulait une association de défense des droits des commerçants qui ont subi d'énormes pertes en raison des violences politiques ayant eu un impact négatif sur les activités commerciales, sous et après les régimes militaires et lors des marches de l'opposition. Les revendications des commerçants en vue d'un dédommagement sont toujours inscrites dans le dialogue entre le pouvoir et l'opposition.

Selon cette association, la Chine inonde la Guinée de toutes sortes de produits (textiles, alimentaires, pharmaceutiques, électroménagers, etc.), de qualité médiocre et à bon marché. Les commerçants chinois occupent toute la chaîne économique, de la production (en Chine), au commerce de gros, de demi-gros et de détail sur place. Les opérateurs chinois sont assistés dans leurs transactions par des démarcheurs locaux et des agents de sociétés guinéennes et africaines installées en Chine, parlant le chinois et rémunérés en pourcentages de bénéfices. Le GOHA ne voit dans ces opérations beaucoup d'avantages pour le pays et, surtout les opérateurs économiques nationaux qui, ainsi concurrencés, voient leurs marges et activités ruinées.

Les Chinois paient l'impôt, ceux de Madina à la commune de leur ressort et les grandes sociétés à la direction nationale des impôts, division des grandes entreprises.

S'agissant de la qualité des produits, en général, les premières commandes semblent de bonne qualité et le restent pour quelque temps. Une fois 4 ou 5 conteneurs livrés, les commerçants chinois aidés ou en complicité avec des opérateurs locaux créent une représentation en Guinée de leurs marques et/ou de leurs produits. À la fois grossistes et détaillants sur le terrain, ils créent peu d'emplois et en freinent la promotion. Les organismes gouvernementaux compétents ne font rien pour protéger ou limiter l'impact de ces transactions sur les opérateurs locaux. Les Chinois créent sur place des mini-industries de fabrication de produits pharmaceutiques ou autres (pâte dentifrice) qui échappent au contrôle. Un cas bien connu de fabrication d'antibiotiques avec de la farine de manioc avait fait un scandale dénoncé au moment des protestations populaires contre le régime de la 2e République, en janvier/février 2007.

Les Chinois sont devenus également nombreux dans la pêche. En décembre 2014, l'incendie d'une barque en mer a fait des victimes, dont deux pêcheurs chinois.

Les produits *made in China* bon marché alimentent incontestablement la commercialisation de gros et de demi-gros à Madina qui ravitaille les commerces de détail des communes et quartiers de la ville et aussi des villes de l'intérieur. En fait, on peut voir tous les matins, devant les boutiques des marchés, une file de femmes et de jeunes filles vulnérables qui viennent prendre une certaine quantité de produits alimentaires de large consommation, des habits, des chaussures d'enfants et d'autres produits, à crédit, pour les vendre dans la journée et venir les rembourser en fin de journée ou à une date convenue. Le bénéfice obtenu leur permet d'acheter le riz et la sauce du lendemain pour la famille. Les boutiquiers par ailleurs emploient des membres de leur famille, diplômés sans emploi en quête d'un emploi.

Aujourd'hui, la Chine se propose d'opérer des restructurations stratégiques de son développement économique, en développant des « *products for China* » pour son vaste marché intérieur. On se demande dans quelle mesure le commerce sino-africain en général, et sino-guinéen en particulier, en sera affecté et quelle approche sera privilégée pour continuer à stimuler les échanges commerciaux au bénéfice des populations.

CHAPITRE IV

LA COOPÉRATION TECHNIQUE ET LE TRANSFERT DE TECHNOLOGIE

La coopération sino-guinéenne comporte une importante composante formation des ressources humaines, transfert de compétences et de technologie.

La Chine a, depuis l'accession du pays à l'indépendance, accompagné le développement socio-économique du pays, sous forme notamment de formation et de spécialisation des ressources humaines, de dons de médicaments et/ou d'équipements, de réalisations d'infrastructures (agricoles, industrielles et autres) ainsi que par l'envoi de missions d'assistance médicale chinoises permanentes en Guinée. L'assistance technique chinoise assurerait également la formation sur le tas des travailleurs guinéens impliqués dans l'exécution de contrats de construction exécutés par la Chine.

4.1 Formation des ressources humaines

4.1.1 Bourses d'études et de stages

Le FOCAC III, tenu à Beijing en 2006, avait décidé, entre autres, de créer un Fonds de développement sino-africain, de soutenir la formation de 1500 professionnels africains et de doubler les bourses universitaires.

Depuis les années soixante, nombreux sont les Guinéens qui ont acquis une formation technique et professionnelle en

Chine, dans différentes spécialités (sciences fondamentales, ingénierie, médecine, agriculture, élevage, informatique, etc.). Ils ont bénéficié de bourses d'études de longue durée de la RPC qui octroyait chaque année des centaines de facilités de formation et d'entretien au Service national des bourses extérieures (SNABE) du ministère de l'Éducation nationale. Des échanges de lettres et des négociations dans le cadre de la commission mixte sino-guinéenne, entre ce département et l'ambassade de Chine à Conakry, fixaient les modalités de gestion des bourses. Le retour des diplômés était obligatoire et, jusqu'à la libéralisation de l'économie, ces derniers étaient d'office intégrés dans la fonction publique. Des Guinéens formés en Chine, une fois revenus au pays, ont parfois quitté le pays pour aller travailler ailleurs. Ces dernières années, l'ambassade de Chine estime à trois cents le nombre de bourses octroyées à la Guinée par an. Les Chinois assuraient aux Guinéens et aux étudiants étrangers le minimum pour leur permettre d'étudier. La sélection des boursiers était de la seule responsabilité des autorités guinéennes à travers une réglementation élaborée par le SNABE pour les élèves admis au baccalauréat. Des formations spécialisées, de courte durée, en cours d'emploi, étaient également offertes au pays, dans le cadre de projets financés par la Chine et selon les besoins exprimés par les départements ministériels. C'est ainsi que, du 10 au 19 octobre 2011, le gouvernement a organisé un séminaire financé par la Chine sur l'expérience chinoise de développement économique à l'intention de trente cadres guinéens, secrétaires généraux et conseillers ministériels.

Chaque année, le gouvernement chinois invite entre 250 à 300 fonctionnaires, entrepreneurs ou journalistes guinéens à se rendre en Chine afin de participer à des séminaires, ateliers ou formations de courte durée.

Par ailleurs, la RPC contribue à la mise en œuvre de plusieurs initiatives africaines et sous-régionales

(Coopération sud-sud et triangulaire en faveur de l'Afrique post -2015, projet régional pour le développement des capacités de coopération sud-sud), de promotion et de renforcement de capacités pour le développement. Le gouvernement guinéen a créé une Agence de coopération technique au sein du Ministère de la Copération internationale, visant, entre autres à renforcer la coopération sud sud et triangulaire et les financements innovants.

La plupart des investissements de partenariat public-privé des groupes chinois intervenant en Guinée incluent des éléments d'apport d'expertise et de formation qui ne sont pas cependant bien visibles; c'est le cas par exemple de Huawei Technologie, dans le domaine des télécommunications.

4.1.2 Expérience d'un cadre guinéen, ancien étudiant en Chine

Dans le cadre de ce travail, de nombreux entretiens ont été menés avec des hauts fonctionnaires guinéens, anciens bénéficiaires de formations en Chine. Ainsi, le 28 février 2011, un ingénieur pédologue, ancien boursier guinéen de 1976 à 1982 en Chine, puis stagiaire (1998 – 1999) et enfin missionnaire guinéen dans le cadre de ses activités professionnelles, a bien voulu relater son expérience. Cet ancien étudiant en Chine communiste, sous Mao Ze Dong, a bien voulu livrer son sentiment sur l'envoi et la formation en RPC de jeunes Guinéens et Africains. Après avoir effectué des études du sol et de recherche en pédologie, il s'est spécialisé dans la prospection et l'analyse cartographique. Il occupera, à son retour en Guinée, de nombreux postes techniques et administratifs dans des organismes compétents en Guinée, y compris le poste de Secrétaire Général du Ministère de l'Agriculture et de l'Élevage.

Selon lui, la formation dans ce pays est très pratique. Pour le jeune étudiant nouvellement débarqué en Chine, tout commence par un apprentissage obligatoire et intensif du chinois. Il y a un Institut des langues à Pékin qu'il a fréquenté de 1976 à 1977, juste après la mort de Mao, et qui dispense la langue standard, le mandarin, avec l'accent pékinois. L'étudiant étranger, au cours du premier semestre, doit acquérir une formation de base fondamentale de la langue pour pouvoir prendre contact, communiquer et échanger avec autrui. Au second semestre, on poursuit l'étude de la langue liée à la spécialité. On fait venir des professeurs des différentes zones qui recevront les étudiants étrangers, selon le profil choisi. Les étudiants étrangers feront leurs achats dans des boutiques où des jeunes filles sont capables d'évaluer leur niveau de connaissance de la langue chinoise.

Affecté dans une université, l'étudiant continuait l'apprentissage du chinois, à raison de trois (3) heures par jour la première année et deux, la deuxième année. À partir de la troisième année, cessait l'enseignement de la langue chinoise. Au temps du communisme, les professeurs étaient préparés dans différentes langues étrangères. En Chine, à la fin des études secondaires, un stage était obligatoire dans une institution (usine, coopérative, etc.). À la fin des études, le retour de l'étudiant dans son pays était obligatoire.

4.2 La coopération technique sino-guinéenne dans le domaine de la santé

La Chine a consenti une aide médicale quasi permanente depuis l'accession de la Guinée à l'indépendance.

L'accord sino-africain de construction de 100 hôpitaux en Afrique et un Don de 30 millions USD pour la lutte contre le paludisme ont également profité à la Guinée. La Chine a participé aux opérations humanitaires et sanitaires d'urgence. Ansi, une fois Ebola déclarée urgence sanitaire mondiale, la Chine a octroyé 1,100,000 USD à la Guinée dont 80 % étaient des Dons de matériels et d'équipements : produits désinfectants, gants et blouses, thermoflashs, etc. Ce Don humanitaire a aussi financé des vivres pour les malades d'Ebola et leurs familles et alimenté des fonds liquides et des frais de formation du personnel sanitaire local.

4.2.1 Missions médicales chinoises

Les missions médicales chinoises commencées en 1968 sous forme de contrat biennal renouvelable ont exercé à Conakry, Labé, Faranah et Nzérékoré où les services rendus ont été appréciés par les populations. Au total, 22 missions médicales sont intervenues, composées de quinze à dix-huit médecins spécialistes. Tout dernièrement, l'équipe de la mission médicale chinoise basée à Labé a été affectée pour le fonctionnement de l'hôpital de référence sino-guinéen de Kipé. Ainsi, ce dernier devrait regrouper en son sein toutes les compétences médicales chinoises en vue de l'assistance médicale au pays. Sur le site de Kipé, des logements pour experts chinois en missions ont été construits. Pour ne pas interrompre le service des missions médicales à l'intérieur du pays, il a été décidé d'instituer des unités médicales mobiles pour Labé et Kankan.

Sous la Deuxième République, un centre médical moderne a été réalisé par la Chine à Kondeyah, dans la CRD de Tanéné (préfecture de Dubréka). Le coût total était de 5 millions de yuans (plus d'un milliard FG), avec une capacité de 12 lits, un bloc opératoire et des équipements de radiologie conventionnelle. Le centre de Kondeyah a bénéficié de nombreux dons de médicaments.

4.2.2 Hôpital de référence sino-guinéen de Kipé

C'est lors du Forum sino-africain de Beijing de novembre 2006 que les responsables guinéens et chinois ont décidé la construction d'un grand hôpital à Kipé, pour fournir au pays des services médicaux spécialisés et réduire les évacuations sanitaires à l'étranger. Les travaux ont démarré fin mars 2009 avec au départ 20 ingénieurs chinois et plusieurs ouvriers et techniciens guinéens et chinois. Le coût de réalisation était de 10 millions de dollars américains. C'est un hôpital de référence d'une capacité de 120 lits, avec un service des urgences, des laboratoires, des blocs opératoires et un groupe électrogène de grande capacité.

Il a été inauguré en 2011. Au fronton de l'édifice, il est gravé : Hôpital de l'amitié sino-guinéenne, China Aid.

Hôpital de référence sino-guinéen, sis à Kipé

En plus des médecins chinois exerçant à l'hôpital sino-guinéen, le personnel médical guinéen a bénéficié de formations spécialisées en Chine et dans d'autres pays. Les deux pays peuvent approfondir leur coopération sanitaire en encourageant des projets de recherches conjoints, des échanges interuniversitaires, l'utilisation des spécialistes chinois dans les facultés de médecine et centres de santé communautaires.

L'équipe médicale chinoise à l'hôpital de Kipé a également une mission de formation et de coopération pour les urgences médicales (protection, surveillance avec une cellule spécialisée). En effet, la Chine a doté cet hôpital de nouveaux équipements médicaux modernes qui incluent un scanner et autres équipement pour les dialyses et les urgences. Le personnel guinéen n'étant pas encore spécialisé pour l'utilisation des nouveaux équipements, devrait recevoir une formation avec les experts chinois.

4.2.3 Acupuncture

Dans le cadre d'une évaluation faite lors du cinquantenaire de l'indépendance et relative à la coopération sino-guinéenne, le médecin spécialiste formé en Chine et chef du « service Acupuncture » de l'hôpital Ignace Deen, a révélé qu'environ 20 000 patients bénéficient chaque année des soins de son service en Guinée. Outre les dons divers en médicaments et les services de rééducation fonctionnelle, 500 étudiants suivent chaque année une formation en acupuncture à la faculté de médecine de l'Université de Conakry. Son épouse chinoise est chirurgienne-dentiste. Elle est aujourd'hui propriétaire d'une polyclinique médicale au quartier de la Sig Madina, à Conakry.

4.2.4 Cliniques chinoises et coréennes

Un grand nombre de cliniques chinoises privées est ouvert à Conakry, dans beaucoup de quartiers et même dans l'arrière-pays. À Labé, deux cliniques asiatiques, une chinoise et une nord-coréenne, attirent beaucoup de patients. Dans le quartier N'Djoolou, une équipe de médecins coréens composée de 2 hommes et de 2 femmes a ouvert une clinique dénommée Association de développement Médical

Guinée–Corée. Elle attire une foule nombreuse de malades, surtout des femmes, tous les jours, du matin au soir, y compris le dimanche. Dans une vaste concession louée sur place, elle dispose d'un petit laboratoire avec un personnel guinéen (une femme et un homme), d'une salle de réception pour le diagnostic, de salles de soins et d'hospitalisation. Il n'y aurait pas d'autres employés. La plupart des malades ont le paludisme, la typhoïde, l'Aslo (rhumatisme) et des parasites. Les services de soins sont diversifiés et associés ; il n'y a pas d'ordonnance, mais des médicaments fournis par les médecins qui utilisent les ventouses, l'acupuncture, les piqûres, etc. Parmi les malades, il y a beaucoup de femmes de tous les âges souffrant de maux de dos, de jambes, de rhumatismes, d'arthrose, etc. En dépit du coût élevé de ces soins, environ 500.000 FG pour les maladies précitées au cours de 3 à 5 jours, il y a affluence chez les Coréens, au détriment des structures médicales publiques, si bien que les autorités ne sembleraient pas voir d'un bon œil la clinique coréenne. Selon des indiscrétions, les 4 médecins coréens qui servaient dans les hôpitaux militaires de Conakry sous la Deuxième République se sont reconvertis dans le secteur privé. En général, les patients se disent soulagés, du moins temporairement.

4.2.5 Production et vente de médicaments

Des entrepreneurs chinois et guinéens ont repris l'ancienne société nationale de production et d'importation de produits pharmaceutiques Enipharguì, créée sous la Première République et fermée pour restructuration au moment des programmes d'ajustement structurel. C'était une société publique de grande capacité de production à vocation sous-régionale qui a été remplacée par la société sino-guinéenne dénommée Sodonpharmagui.

Lors d'une rencontre avec les nouveaux repreneurs en mars 2011, le site de la société et ses vastes installations à

Matoto avaient l'air d'être inactifs, avec seulement quelques travailleurs et le planton. Toutefois, elle produirait quelques antibiotiques pour le marché local. Les nouveaux repreneurs ne semblaient pas satisfaits de l'environnement marqué par le manque d'eau et d'électricité.

Une autre société, PharmaGuiOrient, s'occupe de la production de médicaments et aurait des succursales à l'intérieur du pays.

Il nous a été dit à Madina que les Chinois importent et vendent des médicaments fabriqués en Chine et livrés dans des conteneurs, à des commerçants guinéens qui les revendent au détail. Des produits chinois sans ordonnance sont vendus dans les rues par des Chinois, généralement des femmes.

4.3 L'expertise chinoise dans l'administration publique et les grands chantiers de construction

Le secteur public guinéen a toujours bénéficié de l'expertise des spécialistes chinois. Aujourd'hui, les principaux bénéficiaires de connaissances et de technologies sont les grands chantiers de construction et le secteur de la santé.

Les entreprises chinoises sont connues comme exportatrices d'effectifs importants d'ingénieurs et d'ouvriers chinois pour leurs grands chantiers du bâtiment et des travaux publics. Elles viennent aussi avec certains matériaux et matériels de construction et n'utilisent que quelques matériaux locaux (sable, gravier, et parfois ciment).

Les ingénieurs, techniciens et ouvriers chinois sont réputés travailleurs et disciplinés. Par la pratique et le bon exemple, ils transfèrent des compétences et de bonnes pratiques aux travailleurs guinéens. L'entreprise chinoise, agent d'exécution des contrats de construction et/ou d'études, garantit à ses travailleurs expatriés le confort nécessaire, avec des installations sur le site même des chantiers (cas de l'hôtel Kaloum SA). Les effectifs des travailleurs chinois ne sont pas connus. Leurs contacts avec les travailleurs guinéens se limitent aux nécessités du travail sur les chantiers. En principe, il n'y a pas de contacts entre eux et la population. Il semble qu'ils soient recrutés pour des besoins ponctuels et pas toujours pour toute la durée des travaux. Les chantiers de construction (immobilier, énergie, etc.) emploient une main-d'œuvre chinoise de différents niveaux de qualification qui viennent pour les besoins ponctuels.

Il faut noter que la RPC veille à l'entretien des ouvrages réalisés en Guinée. Ainsi, une coopération technique chinoise quasi permanente, généralement prise en charge par elle, veille à l'entretien de nombreux ouvrages. C'est le cas du palais du peuple (2 experts), du palais Sékoutouréya (5 experts), du centre émetteur de Labé Dianyabhé (2 experts). Le renouvellement de cette assistance technique est négocié dans le cadre de la commission mixte guinéo-chinoise. Les Chinois estiment que les Guinéens ont besoin de s'organiser pour mieux travailler, exploiter le patrimoine qui est là en renforçant leurs capacités de gestion.

Il n'a pas été possible d'établir un tableau exhaustif des travailleurs chinois évoluant dans les chantiers. Quelques données ont été cependant recueillies ; par exemple, le stade de Nongo a mobilisé 280 ingénieurs et techniciens chinois et 650 travailleurs guinéens bénéficiant de la formation sur le tas. La Chine vient d'affecter 6 techniciens pour la maintenance du stade qui n'est toujours pas entièrement opérationnel. Le projet immobilier Plaza Diamond, Cité internationale de Conakry, emploierait 1500 travailleurs chinois.

Le groupe chinois Huawei est le maître d'œuvre des travaux de la fibre optique en Guinée ; dans ce cadre, il devrait promouvoir l'emploi et la spécialisation des travailleurs guinéens.

De même, aujourd'hui, de nombreuses sociétés chinoises exécutent d'importants chantiers dans le secteur de l'immobilier, notamment de l'hôtellerie à Conakry (hôtels Kaloum,Noom) et de l'énergie (Kaléta, Souapiti, avec CIWE et les Trois Gorges). Il faut espérer que ces chantiers favorisent le développement de compétences nationales réutilisables dans d'autres secteurs. Un cadre de l'Agence Guinéenne de Promotion du Secteur Privé (AGIP) rappelait à juste titre la qualité des travaux en cours de finalisation de l'hôtel Kaloum SA, en émettant le souhait que ces talents spécialisés des experts chinois aient été inculqués aux travailleurs guinéens. C'était à l'occasion d'un atelier national intitulé : « comment booster les compétences pour l'employabilité des jeunes ? ».

Par ailleurs, la Chine a octroyé sans interruption des bourses de formation et de stage en Chine ; toutefois, les échanges académiques constituent un domaine de coopération inexploité entre la Guinée et la Chine. Plus d'une vingtaine de médecins exercent à l'hôpital sino-guinéen de Kipé. Comment coopèrent-ils avec leurs homologues guinéens ? Sont-ils impliqués dans la recherche médicale ou encore dispensent-ils des cours à la faculté de médecine ? Les autorités des deux pays devraient encourager des projets de recherches conjoints, des échanges interuniversitaires, l'utilisation des spécialistes chinois dans les facultés de médecine et de santé communautaire. Des accords de partenariats avec les universités guinéennes publiques et privées, en matière de pharmacie, de sport et d'athlétisme, de développement agricole et de nouvelles technologies seront opportuns.

Le gouvernement a initié un projet de reconstruction à grande échelle et de modernisation des quatre universités régionales (Labé, N'Zérécoré, Kindia et Sonfonia) dans le cadre d'un partenariat public privé avec la RPC.

CHAPITRE V

LES IDE EN GUINÉE ET LES ENGAGEMENTS RÉCENTS DES SOCIÉTÉS CHINOISES

5.1 La Guinée et les investissements directs étrangers

Pour le financement de son développement, un pays dispose d'apports financiers publics (aide publique au développement (APD, autres apports publics), d'apports du secteur privé aux conditions du marché tels que les investissements privés directs (IDE), des investissements de portefeuille (bilatéraux et multilatéraux), des crédits à l'exportation ainsi que des Dons des ONG.

L'Afrique subsaharienne en général a l'avantage d'avoir un marché de consommation vaste et des ressources naturelles abondantes. Cet avantage est cependant limité par un environnement des affaires défavorable, une main-d'œuvre qualifiée insuffisante et le manque d'infrastructures de base. Les facteurs d'attractivité des investissements étrangers sont la stabilité politique, le climat des affaires, la qualité du capital humain, la solidité des institutions, etc.

Dans les années soixante, la Guinée avait bénéficié d'investissements publics étrangers massifs pour asseoir les bases de son développement socio-économique. Cette aide publique au développement provenait de l'Union Soviétique, des autres pays du bloc socialiste et de la République Populaire de Chine. Le pays est resté dépendant des apports extérieurs, avec une épargne nationale insuffisante et un budget d'investissement public à plus de 80 % financé de l'extérieur, en moyenne.Ceci reste un facteur de fragilité chronique.

En dépit de son option pour une voie de développement non capitaliste, le pays avait obtenu des investissements privés occidentaux pour la mise en valeur de ses immenses ressources minières. La construction de la première société de production d'alumine a été lancée en 1957, avec des capitaux européens et américains (FRIA). Les négociations de la Compagnie des Bauxites de Guinée (CBG) ont commencé en 1963. Elle a effectivement démarré en 1973. Les pays donateurs traditionnels de la Guinée (Union Soviétique et Chine) ont eux-mêmes connu des mutations profondes dans leurs options socio-politiques et économiques, respectivement à la fin des années 80 et des années 70. Ces pays ont conséquemment réorienté leur politique d'aide et de coopération au développement. L'expérience montre que, dans le contexte de la mondialisation, la tendance est d'appliquer le principe « moins d'aide, plus de commerce ». Ceci explique que l'aide publique au développement a été reléguée au second plan au profit des investissements privés étrangers.

Jusqu'en 1970, les investissements étrangers étaient vus sous l'angle de l'échange inégal, entre le centre et la périphérie. Les IDE bénéficiaient d'avantages fiscaux, de liberté de rapatriement des capitaux dans un contexte de réglementations sociales, environnementales et syndicales peu développées. Des codes miniers et d'investissement ont été élaborés dans le cadre des programmes d'ajustement structurel. Selon la CNUCED, les IDE sont des sources de financement et de transferts de savoir et de technologie ; mais ils ont conduit à des enclaves, à une concentration dans des industries extractives et à peu d'externalités.

À partir du milieu des années 80, surtout du début des années 90, les pays africains ont renforcé les mesures incitatives pour attirer les IDE. En plus des garanties fiscales et de rapatriement des capitaux et des bénéfices, les investisseurs étrangers ont bénéficié de stabilité contractuelle et d'assouplissement des modalités d'importation d'intrants et de personnel expatrié.

5.2 Les IDE chinois : sources de financement et vecteurs de développement

Sous le régime communiste, la Chine contribuait au développement sous forme de Dons et prêts sans ou à faible taux d'intérêt dans le cadre de la coopération bilatérale avec des pays amis.

La Chine émergente a consenti des IDE qui ont constitué des opportunités et offert de nouvelles perspectives pour les pays africains. Elle a élaboré une stratégie d'accès aux matières premières axée sur la construction d'infrastructures, les manufactures et les activités financières. Elle a soutenu de nouveaux secteurs de coopération économique et commerciale, comme l'agroalimentaire.

Le Rapport sur l'Investissement dans le monde 2013 indique que les IDE se sont accrus de 5 % en Afrique, depuis 2010, passant à 50 milliards USD, soit 3,7 % en 2012 du flux mondial d'IDE. La RPC est devenue une source importante d'investissements privés étrangers. En Afrique, les grands bénéficiaires des IDE chinois sont l'Afrique du Sud, l'Angola, le Mozambique, la République Démocratique du Congo et la Guinée équatoriale ; les investissements privés sont concentrés dans les industries extractives.

Aujourd'hui, les IDE chinois sont recherchés également dans le monde développé. C'est le cas de la France, avec la signature de 50 contrats de coopération pour 18 milliards d'Euros lors de la visite, du 26 au 28 mars 2014, à Paris, du président XI Jinping. Une *joint-venture* a été conclue entre Peugeot et la société chinoise Denfeng. En Allemagne, les Chinois ont déclaré vouloir sceller un partenariat stratégique global, élever les relations bilatérales au rang d'une coopération stratégique pour promouvoir une économie mondiale ouverte.

En novembre 2013, le gouvernement et ses partenaires ont organisé un Forum international des Investisseurs de la Guinée à Dubaï. Des promesses d'investissements de 5,2 milliards USD ont été annoncées dont 5 milliards par les Emirats Arabes Unis pour l'exploitation de la bauxite de Sangarédi. La Chine était représentée à cette réunion.

5.3 La coopération avec le secteur privé et les engagements chinois récents

L'aide publique au développement nette reçue par la Guinée représentait 4,5 % du PIB en 2011, les flux nets d'IDE 19 % et les envois de fonds des migrants 61 millions USD, soit 4 %.

La coopération bilatérale chinoise entamée depuis l'indépendance a donné des résultats tangibles généralement bien appréciés par la population. Dans le contexte des profondes mutations intervenues dans les deux pays, elle est de plus en plus relayée par le secteur privé chinois.

Les IDE de la République Populaire de Chine en direction de l'Afrique et de la Guinée sont en progression, notamment les intentions d'investissements dans les mines ou dans l'immobilier. Les 4/5 des IDE chinois sont orientés vers les activités financières, les industries extractives, la construction et les manufactures. Ils sont limités dans l'agriculture et les autres secteurs.

Entre 2004 et 2010, le montant des IDE en Afrique Subsaharienne s'élevait à un peu plus de 13 milliards USD, dont 3,7 %, soit 354,2 millions USD provenant de la RPC. La Guinée occupait la 16e place parmi les 20 pays africains récipiendaires d'IDE avec 136 millions USD, dont 1,6 million USD, soit 8 %, en provenance de la RPC.

Les entreprises, grandes et petites, et les citoyens chinois cherchant des opportunités d'affaires sont présents en Guinée. Les bonnes relations diplomatiques historiques datant des premières années de l'indépendance se sont maintenues, voire renforcées.

Par ailleurs, nombreux sont les citoyens guinéens qui font des affaires avec la Chine, en dehors des contacts officiels, y compris les femmes, de plus en plus nombreuses dans les transactions commerciales. Les Guinéens vivant en Chine sont constitués d'anciens étudiants et diplomates guinéens reconvertis dans les affaires commerciales ou encore de Guinéens mariés à des Chinoises ainsi que des hommes d'affaires guinéens installés en Chine avec des employés africains. Leur mission, c'est d'orienter les opérateurs économiques vers les usines et le port à conteneurs, de servir de traducteurs et d'accompagnateurs. En Guinée, d'anciens fonctionnaires à l'ambassade de Chine à Conakry se sont installés également sur place pour faire des affaires. C'est le cas du patron de Business Agro-industrie à Bonfi. Il en est de même des ressortissants des autres pays africains plus ou moins affiliés à la Chine qui se sont enrichis comme facilitateurs des transactions commerciales sino-africaines. Au temps de la coopération bilatérale, le retour au pays des étudiants et stagiaires boursiers guinéens en Chine était automatique et de rigueur. Aujourd'hui, dans un contexte de chômage généralisé des diplômés, ce n'est le souci ni du gouvernement ni des autorités chinoises.

Il y a un commerce privé lucratif impliquant les privés guinéens et les privés chinois. Le commerce import en provenance de la Chine a connu une ascension fulgurante, ces dernières années, en passant de 43 millions USD en 2002 à 175 millions en 2006. L'essentiel de ces importations est constitué de fils, tissus et d'articles textiles façonnés, en moyenne plus de 30 % du volume des importations. Les véhicules routiers, les articles minéraux non métalliques manufacturés, les machines et appareils électriques, les chaussures, le cuir et les ouvrages en cuir, les équipements de télécom chinois ont fortement été introduits en Guinée depuis 2000.

La RP de Chine a consenti une annulation de la dette pour 31 pays, dont la Guinée, pour un montant de plus de 10 milliards de yuans. Dans ce cadre, la Guinée a bénéficié d'un allégement de la dette guinéenne bilatérale de quelque 52 millions USD.

L'évolution récente des investissements et l'intérêt grandissant du secteur privé chinois est perceptible à travers les données ci-dessous. La pénétration des investissements chinois en Guinée est rapportée par la presse locale, officielle et/ou privée, écrite et audiovisuelle. Ces annonces fréquentes au sujet de nouveaux grands projets d'investissement ou de simples interventions du partenaire chinois en sont le signe de l'influence grandissante de la Chine en Guinée. L'auteur a suivi quelques activités d'investissements ou d'intentions de financement, au cours des années 2011 à 2013. Ainsi, dans le domaine de l'hôtellerie et de la construction, l'intervention chinoise est très visible, par exemple à Conakry, avec des projets d'envergure initiés par le gouvernement, financés et mis en œuvre avec des sociétés chinoises privées.

En visite en Guinée en août 2011, le Vice-Président du groupe public chinois China Power Investment Corporation (CPIC), premier exportateur mondial de bauxite, a annoncé que celui-ci investira jusqu'à 10 milliards USD pour produire, en deux phases, entre 4 et 8 millions de tonnes d'alumine par an, dans la région de Boffa, en Basse-Guinée.

L'État guinéen a décidé de s'associer, à travers la Société Nationale d'Aménagement et de Promotion Immobilière (SONAPI) à la Société Weily And Duck Group Limited (WDG Ltd) pour la création et la gestion d'une Société Anonyme à vocation immobilière dénommée Weily Kakimbo Group SA (WKG SA). Une Convention pour la création de ladite société a été signée le 08 juillet 2011, respectivement par, d'une part, le Ministre de l'Urbanisme, de l'Habitat et de la Construction, l'Administrateur général des Grands Projets à la Présidence et le Ministre de l'Économie et des Finances et, d'autre part, le PDG de WDH Ltd, société établie conformément aux dispositions en vigueur à Hong Kong. La nouvelle société immobilière WKG SA affecte 75 % des actions au Partenaire et 25 % à l'État guinéen. La durée de la Convention est de 99 ans, à compter de la date de sa signature, et celle de chaque projet de 25 ans renouvelables. Elle couvre toutes les phases des projets immobiliers, financement, études, construction, importation de biens et exploitation des infrastructures. Il est prévu de démarrer les activités de WKG SA par la construction et l'exploitation de 2 tours jumelles de 25 étages chacune, totalisant 100 appartements de haut standing dans la zone affectée par l'État. Il lui sera appliqué tous les avantages prévus au Code des Investissements et autres avantages, assortis d'exonérations pour une période de 8 ans à partir de la mise en exploitation de chaque projet. Les travaux de construction ont déjà débuté.

A la même période, on a annocé juste une remise d'un don chinois d'aide bilatéraleà la Guinée pour un coût total de 150 millions de yuans, d'améliorer la circulation urbaine à Conakry et le ramassage des ordures. Selon la presse, il sera créé, pour leur exploitation, une société mixte avec un opérateur étranger, peut-être chinois. En dépit de l'urgence de faire face aux besoins de transport pressants de la population à Conakry, ces équipements mis en service ont subi des dégâts importants au cours des manifestations de rue organisées par l'opposition. Ceci soulève aussi un problème de gestion saine et efficace par la Guinée des Dons qui préoccupe le donateur.

Le 02 février 2012, a eu lieu le lancement à Conakry de la construction de trois réceptifs hôteliers dont un hôtel de 5 Étoiles par un groupe privé chinois de droit guinéen, la société Kaloum SA. Au cours de la pose de la première pierre, il a été annoncé que l'hôtel Kaloum, de standard international, aura 290 chambres de différents standings, dont 26 suites, deux suites présidentielles et des bureaux. Il est entièrement financé par une société chinoise et exécuté par GMC, avec la sous-traitance de plusieurs sociétés chinoises dont Shanghai Constructions, pour un coût global de 260 milliards FG, soit 55 millions USD. Le délai d'exécution est de 22 mois. L'Ambassadeur de Chine à Conakry et le Premier ministre ont présidé la cérémonie. La ministre du Tourisme et de l'hôtellerie a indiqué que le contrat de bail liant la Guinée à cette société est de 40 ans renouvelables. Le diplomate chinois a dit que ce projet est destiné à améliorer les investissements en Guinée. La construction de cet hôtel est déjà avancée, en face de la Banque Centrale de la République de Guinée et du Palais de la Présidence Sékhoutouréya lui-même construit par la RPC. La réception des travaux par le Président de la République a eu lieu le 14 septembre 2015, en pleine campagne pour les élections présidentielles.Ce réceptif hôtelier imposant est en voie d'achèvement.

Par ailleurs, dans le cadre du paquet global, China Airport Construction Corporation était intéressée à construire à Maférinyah, dans la préfecture de Forécariah, un aéroport de standard international, afin de rendre le trafic aérien plus fluide. L'ouvrage devait être construit sur le site des anciens champs du complexe agroalimentaire Salguidia. La maquette a été présentée par la société chinoise au président de la République au début de l'année 2012.

Une entreprise chinoise a obtenu le marché de construction de la route Sériba-Médina Gounassi, pour un coût de 12 millions d'euros, soit 124 milliards de FG ; les travaux ont été lancés le 14 mars 2012 à Labé, sur un tronçon de 385 km, dont 316 km en territoire guinéen.

Le 17 mars 2012, il s'est tenu à Dakar un Forum Chine – CEDEAO sur le thème Afrique de l'Ouest et Infrastructures auquel la Guinée a participé.

Le 19 mars 2012, on a noté l'arrivée à Conakry d'une importante mission de la China Dévelopement Bank forte de 19 membres. Elle était venue discuter avec les autorités guinéennes du financement des projets dans le domaine de l'énergie, des transports, des mines et de l'agriculture.

5.4 Liste non exhaustive de sociétés et institutions chinoises (intéressées et/ou intervenant en Guinée)

Certaines des nombreuses sociétés chinoises se sont bien implantées en Guinée et opèrent dans divers secteurs, dans le cadre de projets bilatéraux, privés ou en partenariat public-privé. Elles installent des représentations sur place, conquièrent le marché local et prennent part à la concurrence pour les machés publics.

C'est le cas notamment de la société Star DTV, à travers son décodeur Startimes, qui a obtenu une licence et des fréquences en 2008. En janvier 2010, elle était déjà active dans les réseaux et les télévisions numériques. Elle s'est vite développée au détriment des entreprises locales. Elle fut officiellement lancée en mai 2009 en Guinée ; en trois ans seulement, ses agences sont passées de 9 à plus de 40 à Conakry, Dubréka, Coyah et Forécariah. Elle offre des services de signal et d'images à un prix abordable. Le décodeur Startimes coûtait 350 000 FG au démarrage de la société et celui de la SODITEV appartenant à un opérateur guinéen 450 000 FG. La société s'est engagée à réaliser le réseau national, la transmission dorsale et à lancer les technologies à l'intérieur du pays. Ses points de vente sont très visibles dans plusieurs endroits de la capitale. Elle ambitionne d'amener en Guinée de la technologie avancée et la télévision numérique. Elle se propose de populariser et d'accélérer la numérisation, de préparer la mise en place de nouvelles techniques visuelles et la TV mobile. Elle mène des études pour connaître les besoins des clients, améliorer le service et couvrir le reste du territoire. Ce faisant, Startimes a créé des opportunités d'emploi pour les jeunes. Outre les décodeurs, elle offre des écrans plats LCD performants. Selon son directeur Afrique, elle devrait construire en Guinée une plate-forme de télévisions numériques puissante et offrir des programmes variés aux Guinéens, en faisant connaître la culture chinoise. Star DTV a opéré une réduction du coût du décodeur de 295 000 FG à 190 000 FG, avec trois bouquets à la clientèle : basique à 35 000 FG avec 28 chaînes, classique à 70 000 FG avec 40 chaînes, Vision unique avec par mois 53 chaînes. La numérisation prévue de se faire à une centaine de chaînes et atteindre toute la Guinée, favorisant la communication, facilitant le processus électoral même au niveau des communautés rurales de développement, ne s'est pas encore concrétisée. Pour célébrer son troisième anniversaire de présence en Guinée, la société a organisé une conférence de presse à la maison des médias et une réception à l'hôtel Novotel de Conakry. À la conférence de presse, on notait une forte présence guinéenne et chinoise dont les ministres de la Communication et des PTT, le représentant de la première dame, la directrice adjointe, le directeur du marketing et le conseiller commercial de l'Ambassade de Chine. Pour le directeur général du groupe Startimes, la société va faciliter aux Guinéens une meilleure accessibilité des programmes TV d'Afrique, du Moyen- Orient, d'Europe et de Chine. Des accords de travail devraient être établis avec des entreprises chinoises intervenant dans le processus de migration de la radio et de la TV analogique vers l'environnement numérique. Le ministre de la Communication, porte-parole du gouvernement, a salué la présence du groupe chinois et a ajouté que le programme de migration couvre plusieurs secteurs et domaines d'activités. Un comité de pilotage devrait être institué au niveau du département de tutelle pour coordonner le travail.

Dans le cadre de ce travail entamé depuis 2012, il a été possible d'appréhender un grand nombre d'autres sociétés et institutions chinoises actives et/ou intéressées à travailler en Guinée. Ce sont :

- China International Fisheries Corporation (CIFC), pêche ;

- China Airport Construction Corporation (CACC) ;

- China Harbour Corporation, travaux portuaires ;

- China Railway Construction Corporation (CRCC), chemin de fer ;

- CGC pour les BTP ;

- China Dreal Group immobilier enregistré à Hong Kong, BTP, immobilier Projet Plaza Diamond ;

- Pharmagui-Orient en Guinée, société sino- guinéenne à capitaux mixtes par actions, créée en octobre 2001 en tant que fournisseur grossiste de médicaments, avec une succursale à Labé ;

- China International Water and Energy (CIWE) et sa société mère, les Trois Gorges (Kaléta, Souapiti) ;

- China Hongqiao Group (bauxite de Boké) ;

- China Power Investment Corporation (CPC), énergie ;

- Société sino-guinéenne Complexe Textile Yahé Shandong : elle avait racheté, en 2002, la totalité du capital de l'ex-usine publique Textile Sanoyah. Elle emploie 22 experts chinois, 97 travailleurs guinéens et 25 gardiens. Sa principale production est le Super Wax en coton imprimé. Elle produit une centaine de modèles de dessins de différentes couleurs ;

- L'Institut chinois d'études relevant du ministère de la Radiodiffusion, du Film et de la Télécommunication qui est intervenu dans la reconstruction de la Maison de la Radio (RTG) ;

- La Société de l'Industrie des Produits Artisanaux Huali de Guinée qui a été fondée en 2004, sur financement propre de l'industrie des textiles de la province de Shandong de Chine. Sa production comprend des tissus en dentelle, les rideaux en dentelle, des draps, des nappes, ainsi que d'autres articles à usage domestique ;

- La Société JIANGSU de Chine (centre médical de Kondéyah) ;

- China Harbour Engeneering Corporation (CHEC);

- Chinalco et sa filiale Chalco (China Aluminium

Company) ;

- Shanghai Constructions et Henan Chine ;

- Shandong Xinfa, groupe multinational privé chinois de nombreuses sociétés évoluant dans le secteur de l'aluminium, et Rusal qui se proposent de coopérer pour élargir la production de bauxite et d'aluminium dans des pays tiers comme la Guinée, ou Rusal est déjà implanté. Selon l'agence russe ITAR-TASS du 06 décembre 2012 rapportant les travaux de la commission inter gouvernementale sino-russe, les deux sociétés ont signé un mémorandum d'intention de coopérer, entre autres, pour la création d'entreprises mixtes dans l'industrie de l'aluminium ;

- Zhong Hang Xin (Kaloum), entreprise de construction, qui sous-traite avec plusieurs entreprises chinoises, dont Shanghai Constructions, impliquées dans Kaloum SA, une société de droit guinéen ;

- Huawei Technology : Compagnie chinoise de haute technologie Huawei et ZTE, sont intervenues d'abord comme fournisseur de services de solutions réseaux personnalisés, de réseaux optiques, de réseaux fixes, mobiles et de réseaux intelligents. Huawei a assisté la Sotelgui dans l'amélioration de la capacité du réseau et le service, avec la fourniture de terminaux pour la téléphonie fixe sans fil et pour l'Internet à usage privé ; fin décembre 2012 (selon Xinhua), le gouvernement guinéen et Huawei Technologie ont négocié un accord pour la relance des activités de la Sotelgui. Une mission gouvernementale guinéenne s'est rendue à Pékin à cet effet. Eximbank de Chine devait octroyer le financement de la relance de la première société publique de téléphonie mobile pour servir, entre autres, à honorer le plan social, permettre aussi de développer la poste guinéenne et payer les dettes non consolidées de l'entreprise chinoise. Ces intentions ne sont pas encore concrétisées. Huawei Technology est partie prenante du projet pour la migration numérique.

Ces dernières années, de nombreux groupes chinois coopérant avec la Banque de Developpement de Chine ont obtenu de grands marchés d'infrastructures en Guinée ; c'est le cas de China Harbour Coorporation, CHEC, Three Gorges Coorporation (CTG) et sa filiale China Water and Energy (CIWE). CIWE et le ministère guinéen de l'Hydraulique et de l'Energie et la Présidence de la République ont signé, le 29 septembre 2015, un protocole d'accord pour la construction du barrage hydro-électrique de Souapiti, toujours sur le Konkouré, d'une capacité de 500 MW.

Plaza diamant, sis à Kipé centre émetteur

CHAPITRE VI

ÉVOLUTION DE LA COOPÉRATION VERS LE PARTENARIAT PUBLIC-PRIVÉ

6.1 Coopération entre la puissance publique et le secteur privé

Pour minimiser le coût et maximiser les avantages et l'efficacité de la gestion, il est apparu dans les pays développés un nouveau mode de financement alliant l'État avec des entreprises ou des prestataires privés pour réaliser des ouvrages de service public.

Les premières initiatives de ce mode de financement, dit partenariat public-privé (PPP), ont été développées, pour construire des infrastructures socio-économiques publiques (hôpitaux, adduction d'eau potable, etc.) avec un financement et une gestion par des sociétés privées. Ce mode de partenariat a été soutenu par des institutions internationales, l'OCDE et la BEI, et expérimenté dans les pays en voie de développement.

Ainsi, le partenariat public-privé est un moyen pour doter un pays d'infrastructures indispensables dont le manque limite les possibilités de développement, notamment en Afrique subsaharienne.

Dans ce système, le rôle de l'État est de définir et réguler le cadre du partenariat avec le secteur privé et le concessionnaire. Le rôle du partenaire privé est de concevoir, réaliser, financer, construire, exploiter, maintenir et transférer l'infrastructure pendant une période donnée. Le gouvernement peut intervenir en nature, par exemple, sous forme d'octroi de terrain. Les projets de PPP sont complexes et de long terme, voire de très long terme ; ils ont besoin de transparence, d'absence de corruption, de stabilité politique et institutionnelle.

Des exemples récents de PPP sont le train à grande vitesse reliant La Mecque-Djeddah et Médine, LGV Haramaïn, en Arabie Saoudite, ou encore le pont Henri Konan Bédié d'Abidjan, en Côte d'Ivoire. La réalisation du pont Henri Konan Bédié (HKB), a impliqué l'État ivoirien et différentes institutions de financement dont la BOAD, la BIDC, Africa Finance Corporation et la BMCE regroupées autour de la Banque Africaine de développement (BAD) ainsi qu'à deux fonds de *private equity* FMO et PAIDF sur fonds propres. Ce pont à péage a mobilisé 270 millions USD et créé 800 emplois, dont 200 permanents en phase d'exploitation. Une convention a été signée à Paris en juin 2012, le concessionnaire étant Socoprim liée à Bouygues, pour une période de 30 ans. Le gouvernement ivoirien avait mis en place deux cadres institutionnels pour l'exécution du projet : un contrat de partenariat public-privé sur la nouvelle dynamique de coopération État secteur privé et une structure de pilotage.

L'idée de la collaboration entre le gouvernement guinéen et les entreprises chinoises a pris forme en 2005 pour la mise en valeur des ressources minières du pays. Elle s'est concrétisée au cours de la Troisième République, notamment dans l'énergie, l'hôtellerie et l'immobilier. C'est le cas de Kaléta, barrage hydroélectrique dont la première turbine a été lancée le 29 mai 2015. Kaléta est un ouvrage d'une capacité de 23 millions de m3, dont le coût est estimé à 400 millions USD financé à 75 % par l'Eximbank de Chine. Il est construit avec des normes chinoises qui sont conformes aux normes occidentales, selon la direction du projet. Il a mobilisé, de 2011 à 2015, 600 travailleurs chinois et 2500 guinéens. L'ouvrage est géré par le maître d'œuvre China Water and Electricite Corporation (CWE).

La Guinée se doit aujourd'hui de maintenir, voire renforcer la coopération bilatérale traditionnelle, mais aussi d'exploiter les opportunités d'affaires offertes par les pays amis, notamment la Chine.

Pour réaliser ses objectifs de croissance et de réduction de la pauvreté, il faut qu'elle dispose de bonnes infrastructures socio-économiques de base et qu'elle les gère correctement ; pour y parvenir, elle peut et a besoin de recourir au financement privé, notamment les banques et les sociétés privées de la RPC. Le partenariat public-privé va être un moyen de moderniser les grands travaux publics et de créer un cadre institutionnel favorable à leur exécution et à leur gestion efficace pour la satisfaction des besoins de la population, en eau, en énergie, en infrastructures routières et en habitat décent.

Selon l'Agence Chine Nouvelle, Xinhua, du 23 mai 2015, la Chine elle-même a encouragé ces dernières années les gouvernements locaux à recourir au partenariat public-privé dans des logements abordables, afin d'attirer davantage de financement dans le programme chinois de logements abordables. Il vise à faire coopérer les gouvernements locaux et les sociétés privées pour construire des habitations pour les familles à revenu modeste. À l'étranger, les groupes privés chinois ont développé des partenariats avec des États pour la réalisation d'infrastructures dans différents secteurs. L'État guinéen et China Dreal Group ont dans le domaine de l'habitat réalisé un premier projet, Plaza diamant, qui a été finalisé en février 2015. Devait suivre un second projet, dit la Nouvelle de Conakry, à Kobaya dans le cadre de ce partenariat. Le gouvernement, à travers la SONAPI, vise aussi à faire accéder aux populations à des matériaux de construction abordable (SNAPI).

Par un décret du 17 octobre 2014, il a été institué un ministère d'État chargé des Investissements et du Partenariat public-privé, qui sera maintenu dans le nouveau mandat présidentiel. Ce département concerne la création, sous l'autorité du président de la République, d'un Conseil Présidentiel des Investissements et des Partenariats Public-Privé « CPI-PPP ». La mission de ce Conseil est de promouvoir le dialogue direct entre l'État, le Secteur privé et la Société civile pour identifier et prévenir les obstacles à l'investissement pour en améliorer le climat. Doté d'un Secrétariat permanent assumé par l'Agence guinéenne de promotion du secteur privé, il comprend deux Comités, le Comité des Investissements et un Conseil consultatif de trente membres issus des secteurs public et privé nationaux, de la société civile et des personnalités et investisseurs étrangers expérimentés dans la pratique des affaires. Le Comité des Investissements regroupe des représentants des ministères centraux et sectoriels, de la Banque Centrale, de l'APIP et de l'Administration générale et du contrôle des grands projets et marchés publics. Le comité consultatif et le comité des investissements ne sont pas encore opérationnels. Ils doivent avoir un contenu juridique. Toutefois, le département mène des démarches vers des pays comme la Chine, l'Inde, la Russie, l'Afrique du Sud, la Turquie, etc., pour rechercher des opportunités d'investissements public-privé. C'est ainsi que les démarches du gouvernement vers la Chine ont abouti à la promesse de Eximbank of China de contribuer à hauteur de 1,3 milliard USD pour le barrage de Souapiti. D'autres investissements PPP sont encore recherchés avec les bailleurs de fonds chinois pour l'immobilier à loyer modéré dans la zone de Conakry.

Des projets de PPP devraient pouvoir aider à attirer des investissements structurants dans le domaine des transports et de l'énergie, mais aussi des infrastructures sociales en matière de santé, d'éducation et d'habitat, etc.

Aujourd'hui, beaucoup de pays africains comme le Maroc, ou l'Angola et le Nigeria, confrontés à la baisse des revenus pétroliers, et l'Afrique du Sud, cherchent à tirer le maximum de profit des opportunités financières du secteur bancaire chinois. Leur volonté politique se traduit par une législation au service de l'investissement public, du partenariat avec le secteur privé, la moralisation et la modernisation des marchés publics. Dans ce cadre, il faut assurer la transparence à travers une information aux bénéficiaires et au public sur les grands chantiers, concilier la qualité, la pérennité des ouvrages avec la sécurité juridique des investissements et la satisfaction des besoins vitaux de la population.

La Guinée, engagée dans la relance économique post-Ebola, et à la la diversification/transformation de son économie, cherche à améliorer le climat des investissements et doit surtout réunir les conditions de paix, de sécurité et de cohésion nationale nécessaires pour y parvenir.

Une réunion de concertation sur la plate-forme de dialogue public-privé a été organisée en juin 2015. Les parties prenantes en ont cerné les goulots d'étranglement, qui sont le manque de cadre approprié entre gouvernement et investisseurs ainsi qu'entre investisseurs, gouvernement et partenaires techniques et financiers (PTF).

Le 10 juin, le Ministère de l'Industrie et des Petites et Moyennes Entreprises (MIPME) et de la promotion du secteur privé et le Ministère d'État chargé des Investissements et du PPP ont initié une plate-forme de dialogue au niveau national. Le secteur privé national devra se doter d'une chambre de commerce et d'un patronat représentatifs et jouer pleinement son rôle de moteur de la croissance.

Le 29 juin 2015, le gouvernement a signé une convention de partenariat avec trois entreprises locales de BTP regroupées autour d'un groupe dit 3GB pour la viabilisation et la mise en valeur du site directionnel de Koloma. Elles vont rechercher des partenariats étrangers pour réaliser leur contrat de trente mois. D'autres projets de partenariat public-privé sont également en cours dans le domaine de l'immobilier.

Un accord a été conclu en août 2015 entre le groupe Mar Grandioso et le Ministère des Guinéens de l'étranger pour la construction dans la zone de Kipé de logements pour les Guinéens vivant à l'extérieur. Des propositions en vue de l'implication de ces derniers dans le Projet Plaza Diamant ont été faites. La mise en valeur des autres sites devrait permettre de réaliser des habitats décents pour les couches moyennes et aussi les populations au revenu modeste.

Du 5 au 7 août 2015, un important atelier sur le lancement du projet « Booster les compétences des jeunes pour l'employabilité des jeunes » a été organisé à Conakry pour discuter d'un partenariat public-privé entre les Institutions d'Enseignement Supérieur et les institutions professionnelles de Guinée, les sociétés privées et le gouvernement sur l'emploi et l'insertion professionnelle des jeunes diplômés. À l'ouverture, le directeur de l'Agence Guinéenne de la Promotion des Investissements Privés, après avoir expliqué le rôle et l'importance actuels du PPP, a fait allusion au Projet immobilier Kaloum SA, impressionnant, en cours de finalisation. Cet ouvrage remarquable, l'hôtel Kaloum (5 étoiles), sera bientôt disponible, fruit de l'ingéniosité et de l'ardeur au travail des travailleurs chinois et guinéens engagés par une société chinoise, GMC, maître d'œuvre du Projet.

Hôtel Kaloum, SA, sis à Kaloum

Il est souhaitable que les ouvriers et les jeunes diplômés guinéens employés dans ce projet puissent s'approprier les méthodes et techniques chinoises de construction en matière d'habitat.

Beaucoup de personnes consultées estiment important d'inclure dans les conventions avec les sociétés chinoises de clauses spécifiques pour la formation, l'emploi et le transfert de connaissances et de compétences des techniciens et spécialistes chinois dans les grands chantiers de coconstruction de projets de partenariat public-privé.

6.2 La coopération sino-africaine aux échelles régionale et sous-régionale

Les organisations et banques régionales comme la Banque Africaine de Développement (Perspectives 2050) tout comme des pays comme le Japon, l'Inde et la Chine considèrent que le soutien à la réalisation d'infrastructures de développement appropriées est essentiel pour sortir les pays africains de la pauvreté.

Les organisations régionales et sous-régionales constituent un cadre pour fournir les infrastructures énergétiques et de transport pour le développement des États membres qui ne peuvent, seuls, les réaliser au niveau national. Un partenariat avec la Chine apparaît de ce fait essentiel pour ces organisations.

Les BRICS ont créé en juillet 2015 une Banque spécialisée pour la réalisation d'infrastructures de développement d'un capital initial de 50 milliards USD dont les pays africains pourraient bénéficier.

6.2.1 Chine et Union Africaine

Pour faire face aux vulnérabilités, risques et menaces, anciens et nouveaux, que sont Ebola, le djihadisme, la drogue, la piraterie maritime et la désertification, tout en luttant contre la pauvreté, l'Afrique a besoin de coopération et de partenariats efficaces avec les donateurs, dont la RP de Chine. L'évolution récente de la coopération sino-africaine atteste que la Chine est elle-même engagée dans la recherche stratégique de ressources naturelles pour satisfaire ses besoins en énergie et en matières premières. D'autre part, tout en poursuivant cet objectif, elle recherche des débouchés pour ses produits manufacturés.

Aujourd'hui, les pays africains sont devenus des déversoirs de produits et services chinois bon marché auxquels se sont habituées des populations majoritairement pauvres. Toutefois, la Chine soutient et finance, dans le même temps, des infrastructures de développement (énergie, transport et communication, nouvelles technologies, immobilier, etc.) de nature à favoriser le développement africain, contrairement à la division traditionnelle du travail.

Le nouveau siège de l'Union Africaine à Addis Abeba offert par la Chine pour un coût de 200 millions USD fut inauguré le 28 janvier 2012.

En janvier 2015, lors de son 24e sommet, l'Union Africaine et la Chine ont progressé sur un vaste projet d'infrastructures pour relier les différentes capitales africaines à travers des autoroutes, des trains à grande vitesse et des liaisons aériennes. Le 2 février 2015, elles ont effectivement conclu un protocole d'accord sur les grands réseaux d'infrastructures, les nouvelles technologies et l'intégration. Dans ce cadre, le chemin de fer Ethiopie-Djibouti est réalisé comme modèle de coopération sino-africain, en respectant des normes environnementales et communautaires. Ce chemin de fer inauguré le 5 octobre 2016 est long de 752,7 kilomètres.

La Chine, premier partenaire commercial de l'Afrique, s'intéresse aussi aux mines, à l'agriculture, au développement culturel et à la qualification des ressources humaines.

6.2.2 Chine et CEDEAO

L'Afrique de l'Ouest est caractérisée par la multiplicité et la dualité du dispositif institutionnel d'intégration régionale. Dans un contexte de disparité linguistique et monétaire, elle compte environ une trentaine d'organisations sous-régionales et intergouvernementales. La Communauté Economique des États de l'Afrique de l'Ouest (CEDEAO) et l'Union Economique et Monétaire de l'Afrique de l'Ouest (UEMOA) sont les principales organisations.

Aujourd'hui, l'Afrique de l'Ouest cherche à résoudre des contraintes liées à la baisse de 50 % des prix du pétrole, à la crise sanitaire Ebola, à l'insécurité alimentaire, au changement climatique et à l'expansion du terrorisme islamique (Nord-Mali, Nigeria et pays voisins). Pour hâter la transformation socio-économique de la région, les structures et institutions financières de la CEDEAO sont engagées dans la recherche et la mobilisation de ressources financières, notamment en provenance de la RP de Chine.

Lors du 1er Forum économique Chine CEDEAO, deux types de projets avaient été identifiés : les soutiens bilatéraux, notamment dans les infrastructures, qui ont un impact direct sur la vie des populations et les projets du secteur privé, dans le cadre d'un partenariat public-privé gagnant gagnant.

L'appui à l'intégration régionale et sous-régionale inclut la réhabilitation du secteur santé, l'équipement de la force en attente et le renforcement des capacités. D'autres projets en discussion concernent la construction d'un nouveau siège pour la CEDEAO et la réalisation de la route régionale Lagos Abidjan. Le second Forum Chine CEDEAO, tenu à Accra en mars 2012, a mis l'accent sur l'approfondissement de la coopération dans les domaines déjà identifiés.

En juillet 2013, au cours d'une réunion Chine CEDEAO, un plan d'action conjoint Chine - CEDEAO a été conçu dans six domaines prioritaires : agriculture, industrie, commerce et facilitation du commerce, transport, climat d'investissement sous-régional et Sahel.

En janvier 2015, le Tarif Extérieur Commun (TEC) de la CEDEAO est entré en vigueur. La Commission va renforcer la coopération entre l'UEMOA, la Chine, la Banque mondiale et d'autres institutions pour améliorer l'intégration monétaire et économique de la sous-région.

6.2.3 Chine et organisations de mise en valeur des bassins fluviaux

Dans la sous-région, de nombreux regroupements se sont constitués autour des bassins des principaux fleuves dont la plupart prennent leur source en Guinée. Il s'agit de l'Autorité du Bassin du Niger (ABN), de l'Organisation de Mise en Valeur du fleuve Sénégal (OMVS) et de l'Organisation de Mise en Valeur du fleuve Gambie (OMVG). Ces organisations collaborent ave la BAD, la BID, la Banque mondiale et les partenaires bilatéraux, notamment la Chine, pour mettre en œuvre des projets intégrateurs dans des domaines divers : routes et corridors de transport, barrage, énergie et interconnexion électriques, agriculture et sécurité alimentaire, centres régionaux d'excellence, etc.

CHAPITRE VII

QUESTIONS DE MISE EN ŒUVRE DES PROJETS FINANCÉS PAR LA CHINE

7.1 Survol historique et apport de la coopération sino-guinéenne

L'aide bilatérale de la Chine communiste répondait à des besoins réels de développement avec apport d'infrastructures et d'édifices de souveraineté durables. Au départ, la coopération du type industrialisation par import-substitution a permis au pays d'avoir des usines clef en main. Les produits et services réalisés avaient comblé un vide, aux premières années de l'indépendance. Avec les pénuries chroniques de biens, la Chine a approvisionné le commerce d'Etat en matériaux de construction (ciment, fers à béton et autres) ; elle a apporté de la quincaillerie, de la main-d'œuvre qualifiée et non qualifiée et assuré la formation sur le tas de la main-d'œuvre locale.

La présence chinoise en Guinée et celle de Guinéens en Chine résultent de la croissance des opportunités d'affaires et du changement de politiques économiques entre les deux pays. Actuellement, dans la capitale guinéenne, la Chine possède trois domaines : en plus des installations diplomatiques à Donka en bord de mer et rénovées, il y a le quartier chinois de la Minière octroyé par la Première République dans les années soixante, le domaine de Yattaya et la Cité chinoise sise à Coléah, ancienne Socomer, rachetée au gouvernement.

La coopération sino-guinéenne est bénéfique pour la Guinée et le sera davantage si elle est orientée, selon la formule gagnant-gagnant, le partenariat public-privé et vers les infrastructures (agricoles, énergétiques, routières et de transports, sociales, etc.). Pour le développement agricole et rural, il s'agira de réaliser des aménagements agricoles et des micro-barrages, ainsi qu'une usine de petit outillage agricole, au lieu d'en importer de Chine, selon les spécificités des quatre régions naturelles. Des centres pilotes de recherche et d'expérimentation initiés autrefois par la Chine communiste et la Corée du Nord peuvent améliorer les rendements des cultures aussi bien vivrières que de rente, permettre de maîtriser l'eau, de pérenniser les pratiques culturales et de renforcer la sécurité alimentaire. De même, avec l'irrigation et la pisciculture, on peut améliorer l'état nutritionnel de la population et introduire la culture des algues utilisables comme engrais verts.

Le développement des relations de coopération s'est matérialisé par un important mouvement de biens, de services et de personnes entre les deux pays. Des opérateurs économiques guinéens, y compris des femmes et des commerçants du secteur informel, se rendent régulièrement en Chine. Les entreprises de la RPC sont présentes dans les domaines commercial, minier, agricole, des travaux publics, de l'hôtellerie et des constructions, etc., à la fois comme bailleur de fonds et/ou agent d'exécution des marchés publics.

Il est difficile d'avoir la situation exacte du nombre des ressortissants chinois vivant et travaillant en Guinée. Une tentative d'obtenir des données récentes et fiables au niveau des organismes guinéens en charge n'a pas été concluante. Des personnes compétentes interrogées ont juste indiqué que l'effectif des ressortissants chinois en Guinée devrait se situer actuellement entre 6000 et 7000. Les effectifs de la main-d'œuvre chinoise dans les chantiers en cours sont difficiles à cerner, étant donné leur mobilité et l'inaccessibilité des contrats de marché et des conventions. Récemment, une source officielle mentionnait que les Chinois vivant en Guinée, y compris ceux des groupes privés, se situeraient aux environs de 10.000 personnes.

S'agissant de la présence guinéenne en Chine, avec des transactions commerciales renforcées, elle est constituée d'anciens étudiants et diplomates guinéens en Chine reconvertis ou encore de Guinéens mariés à des Chinoises ainsi que d'hommes d'affaires guinéens installés en Chine avec des employés guinéens et africains. Leur mission est d'orienter les opérateurs économiques vers les usines et le port à conteneurs, et servir de traducteurs et d'accompagnateurs. Il en est de même des ressortissants des autres pays africains plus ou moins affiliés à la Chine qui se sont enrichis comme facilitateurs des transactions commerciales sino-africaines. Au temps du régime communiste, le retour au pays des étudiants et stagiaires boursiers guinéens, à la fin de leurs études en Chine, était automatique et de rigueur. Aujourd'hui, dans un contexte de chômage généralisé des diplômés, ce n'est pas une obligation du gouvernement qui ne garantit pas leur employabilité.

Par ailleurs, d'anciens fonctionnaires à l'Ambassade de Chine à Conakry se sont installés sur place pour faire du business, c'est le cas du patron de Business Agro-industrie à Bonfi.

Les grandes sociétés affiliées au gouvernement chinois collaborent avec le gouvernement dans divers secteurs et avec les partenaires extérieurs comme Rio Tinto ou encore Bolloré Africa Logistics au port autonome de Conakry. Chalco a été remplacée par sa société mère Chinalco, dans Simler SA pour l'exploitation du minerai de fer Simandou, blocs 3 et 4. C'est encore une société chinoise qui réalise les études pour le port en eau profonde de Senguelen, à Forécariah. Des études pour la réalisation du chemin de fer transguinéen Beyla-Maférinyah ont été réalisées, de février 2012 à mars 2013, par la société chinoise China Railway Construction Company (CRCC). Des sociétés chinoises sont engagées dans l'exploitation de l'or dans la zone de Kissidougou-Beyla. Une société chinoise réalise des études hydrologiques à Kérouané.

Dans le domaine de l'hôtellerie, trois projets sont initiés ou mis en œuvre à Conakry, avec des sociétés chinoises privées ; il s'agit de Kaloum SA, Kakimbo SA et de l'hôtel Noom dans les anciens jardins d'Ignace Deen, exécuté par une société de Yiangtzu, à proximité du port de pêche de Téménétaye. Il faut noter que les petits investisseurs chinois, de plus en plus nombreux dans le pays, opèrent dans l'informel dans divers secteurs d'activité et ne sont pas toujours enregistrés.

7.2 Quelques questions soulevées par les investissements chinois

Une série d'entretiens et de consultations avec des organismes compétents et des cadres de l'administration, d'anciens étudiants guinéens en Chine et avec de simples citoyens a permis de cerner quelques problèmes de mise en œuvre dans l'exécution des projets de coopération avec la Chine et d'en tirer quelques enseignements.

Les projets réalisés avec la Chine sont intensifs en travail, ce qui, en l'absence de chômage massif de diplômés, ne posait pas de problème dans les années soixante et soixante-dix. Aujourd'hui, avec les difficultés de l'employabilité des jeunes diplômés, l'emploi des jeunes Guinéens et le transfert des compétences dans les grands chantiers de partenariat public-privé doivent faire partie de la responsabilité sociétale des entreprises et susciter un intérêt accru de la partie guinéenne.

Les Chinois sont reconnus pour le respect des délais contractuels, leur discipline et leur ardeur au travail. Quant à la partie guinéenne, elle peine à respecter ses engagements contractuels (Maison de la RTG Koloma, stade de Nongo, hôpital de référence de Kipé), occasionnant un allongement des délais d'exécution et le dépassement des coûts de réalisation. Souvent, les infrastructures, une fois réalisées, tardent également à être exploitées.

Les autorités chinoises tiennent également à la maintenance des équipements et édifices financés et construits par elles. C'est le cas d'ouvrages construits depuis l'indépendance comme la station radio de Labé, la RTG, le palais du peuple, etc. La Chine, non seulement, finance la construction, mais aussi très souvent prend en charge la maintenance des ouvrages.

7.3 Qualité des produits chinois

Les populations guinéennes se souviennent de la bonne qualité des articles et produits chinois importés par les entreprises commerciales au cours des années soixante pour suppléer à la disparition des marchandises d'origine occidentale. Ainsi, la Chine fournissait à la Quincaillerie de Guinée des bols émaillés, des marmites et d'autres vaisselles et ustensiles de cuisine durables et de bonne qualité et à de bons prix. Cette société offrait un service de porcelaine de 45 à 90 pièces uniques dans la sous-région. Ce service de porcelaine était offert, en cadeau, lors des mariages et même aux épouses d'officiels africains en visite en Guinée. Cependant, l'insuffisance de l'offre de ces produits plus accessibles aux élites occasionnait un trafic dans le système du commerce d'Etat. La qualité de ces articles et produits importés de Chine contraste avec celle de la pacotille qui inonde aujourd'hui les marchés guinéens, et dont, cependant, le mérite est d'être accessibles à toute la population.

7.4 Ambiance de travail dans les chantiers chinois

Les chantiers des projets financés par la Chine sont calmes et disciplinés. S'y côtoient des techniciens et ouvriers guinéens et chinois et des interprètes. Ces dernières années, dans les grands chantiers exécutés et/ou financés par des sociétés privées chinoises, des rumeurs de problèmes avec les ouvriers guinéens ont circulé de temps en temps. C'est le cas par exemple de l'Hôtel Kaloum. Les installations pour l'hébergement des travailleurs chinois sont, sur le chantier, visibles à l'entrée. Selon un article du *Lynx* n° 1089 du 25 février 2013, décrivant le climat de travail au sein du chantier, il y aurait une inscription en rouge « toilettes pour les ouvriers guinéens ». On parle alors de ségrégation dans les conditions de travail, et de difficulté d'accès et de livraison d'informations. Des douches et un restaurant sont installés pour les 75 ouvriers chinois. Seul l'interprète parlerait français. Les Chinois se mettraient en colère si les Guinéens utilisaient leur douche par erreur. D'autres problèmes sont signalés au chantier du barrage de Kaléta. Les ouvriers guinéens sont payés à la semaine, le salaire incluant repas et transport ; il y aurait une pause d'une heure et demie, à partir de midi. La question salariale se règle entre l'entreprise chinoise et le ministère de tutelle. Il n'y a pas de contrat entre les ouvriers guinéens et les Chinois ; des tickets sont donnés chaque jour. Le travail commence à 7 heures et se termine à 18.30 ; un retard de 15 minutes seulement empêche l'ouvrier de rentrer dans le chantier. De même, le numéro 845 de *La Lance*, du 24 avril 2013, sur ce projet, explique qu'après un espoir au début du projet, les communautés commencent à s'interroger sur les promesses en faveur de la jeunesse et de la population : seule une mosquée a été construite à ce stade ; la route d'accès attend de l'être et la piste est poussiéreuse. Elle n'est pas arrosée alors que les engins roulants soulèvent des montagnes de poussière qui envahissent les habitations. Quant aux employés, au nombre de 700, ils travaillent 11 heures par jour (7 h - 18 h) pour l'équipe de jour et 12 heures (18 h à 6 h) pour l'équipe de nuit. Les ouvriers disent ne pas être pris en charge médicalement. Leur salaire est de 700 000 FG par mois. Il y aurait déjà eu deux mouvements de grève et un troisième est en préparation, alors qu'il n'existe pas de syndicat pour défendre leurs intérêts. Les conditions de logement des ouvriers guinéens sont également mauvaises, mais ce n'est pas la faute des Chinois.

7.5 Suivi de l'exécution des projets chinois

Selon un ingénieur guinéen ayant étudié en Chine et ayant pris part à un marché d'études exécuté par une entreprise chinoise, chez eux les Chinois sont très vigilants et peuvent aussi contourner la réglementation. Ainsi, un étranger en Chine dont le séjour finit verra la police à sa porte dans les quarante huit heures avant l'expiration du délai de séjour. L'administration guinéenne n'est pas suffisamment vigilante et laisse faire les Chinois dans la mise en œuvre des projets. Dans les chantiers, les Chinois vivent à part ; il n'y a pas d'intégration avec les travailleurs locaux. Le suivi et le contrôle de qualité des produits, matériaux et matériels importés de Chine n'est pas assuré. À cet effet, le gouvernement devrait nommer soit des cadres guinéens expérimentés, maîtrisant le chinois, les pratiques et la culture chinoises et aptes à déceler des anomalies, soit des experts étrangers et des sociétés de surveillance pour s'assurer du suivi et du contrôle de l'exécution des chantiers par des sociétés chinoises. L'inspection du travail ne devrait pas faire preuve de complaisance pour protéger les ouvriers guinéens du secteur minier qui verse les salaires les plus élevés en Guinée et les avantages devraient profiter aussi bien aux travailleurs guinéens que chinois. Les autorités guinéennes compétentes ne sont mises au courant de l'état de fonctionnement des chantiers chinois qu'en cas de menace ou de perturbation du travail par les ouvriers guinéens. Elles devraient initier une étude comparative des conditions de vie et de travail des ouvriers guinéens dans les chantiers miniers et les infrastructures financés et/ou exécutés par différents bailleurs de fonds. Il est généralement admis que les conditions de vie, de sécurité et de travail des ouvriers guinéens ne sont pas les mêmes dans les différents chantiers. Ce ne serait pas le cas des sociétés chinoises, selon des ouvriers qui font souvent des comparaisons. Un autre aspect important concerne les relations avec les communautés locales et l'apport des projets financés ou exécutés par les entreprises chinoises au développement de celles-ci. Même avec ces sociétés, la situation va évoluer car le gouvernement est de plus en plus conscient du contenu local es grands projets et de la responsabilité sociétale des entreprises.

7.6 Salaires et rémunérations des travailleurs guinéens

Il n'est pas facile de connaître la structure de la main-d'œuvre utilisée dans les chantiers chinois en termes d'effectif, de qualification ou de rémunération. C'est souvent un secret de polichinelle. L'inspection du travail a-t-elle la situation ? Le traitement des deux catégories de travailleurs est différent, en nature et en espèce. Parmi les nombreux travailleurs importés de Chine, il y aurait toutes les catégories (des ingénieurs et techniciens, mais aussi des ouvriers, des traducteurs, etc.) dont la durée du contrat et les émoluments en nature (hébergements, nourriture, etc.) et en espèce, même s'ils figurent dans les contrats ne sont pas connus et n'existeraient qu'en langue chinoise.

Généralement, les ouvriers guinéens se disent mal payés sur différents chantiers, avec des conditions de travail qu'ils jugent contraignantes et en tout cas ils ne bénéficient pas des mêmes facilités que les Chinois pour la restauration et l'hébergement. Toutefois, ces ouvriers semblent minimiser les avantages d'être employé dans un contexte de chômage chronique (compétences nouvelles et apprentissage sur le tas, attitudes positives d'ardeur, de respect des délais et des normes) concernant le travail. Les Chinois, durs au labeur, ne vivent que pour leurs chantiers et s'acquittent de leur travail sans rechigner. Les patrons chinois disent d'ailleurs : à petit travail petit salaire.

La plupart des interlocuteurs estiment qu'il faut lever certains goulots d'étranglement dans certains gros chantiers chinois. En plus de l'absence de suivi des conditions de vie des ouvriers guinéens, il faut veiller à la mobilité professionnelle des travailleurs ayant acquis une expertise pour travailler au sein de ces chantiers et ainsi empêcher la déperdition de l'expertise technique et un changement perpétuel des hommes sans motif objectif et de nature à décourager les investisseurs.

7.7 Coopération sino-guinéenne dans le secteur de la santé

Les personnes interrogées disent que la santé est un bel exemple de coopération sino-guinéenne, mais que la prolifération des cliniques chinoises à Conakry pose problème. Combien sont-elles ? Combien d'entre elles sont enregistrées et connues du Ministère de la Santé et de l'Hygiène publique ? On cite souvent le cas d'un ingénieur chinois, ancien employé d'une société chinoise, qui a ouvert à Madina une société pour vendre des produits médicaux chinois. Au grand marché de Madina, en effet, Chinois et Guinéens s'affairent sans contrôle pour vendre des médicaments importés de Chine ; or, il y a une forte présence de faux médicaments en circulation dans le pays, y compris des médicaments fabriqués en Chine, vendus sans ordonnance par des Chinois ambulants et sur place par des entreprises chinoises, comme ce fut le cas d'antibiotique lors des évènements de janvier-février 2007 selon certaines révélations.

7.8 Activités des investissements chinois et respect de la réglementation

Les Chinois pratiquent à la fois le commerce de gros, de demi-gros et de détail, alors que la législation nationale réserve le commerce de détail aux seuls Guinéens. Ils pratiquent la contrefaçon et sont interpellés parfois devant les tribunaux.

La presse audiovisuelle a également rapporté l'arraisonnement par les acteurs de la filière bois, au quartier de la Cimenterie, de deux camions remorques chargés de bois d'exportation appartenant à un opérateur chinois basé à Benthouraya, dans la préfecture de Coyah, alors que l'exportation du bois est interdite par les autorités. L'homme d'affaires chinois qui les possède est soupçonné d'avoir des connivences avec l'autorité qui lui aurait délivré un contrat. La Compagnie Mobile d'Intervention et de Sécurité (CMIS) a arraisonné les deux camions alors qu'un troisième était en fuite.

Selon la presse locale, la Société Minière de Boké a, du 23 au 24 octobre 2015, enregistré une série de grèves de ses travailleurs guinéens qui se disent exploités par les Chinois. Ils protestent contre les mauvaises conditions de vie et de travail et la maltraitance des patrons chinois. Ils dénoncent les méfaits de la sous-traitance multiple et des nombreux intermédiaires que sont les agents de sécurité et les deux sociétés de sécurité sur leurs rémunérations. Ils revendiquent la suppression des faux frais ou des commissions, un contrat de travail et une prise en charge sanitaire, en nourriture et en logement.

7.9 Diligence dans le traitement de certaines sollicitations du gouvernement

Enfin, dans le domaine des services, il faut noter que toute demande d'urgence du gouvernement guinéen est traitée de manière diligente par les autorités chinoises. Par exemple, une pénurie d'eau prolongée à Conakry a débuté le 04 mai 2013. En effet, la conduite d'eau au niveau du quartier ENTA était de nouveau endommagée privant une bonne partie de la capitale d'eau, en cette jonction de la saison sèche et de la saison pluvieuse, durant deux semaines. Cette infrastructure avait été financée dans le cadre d'un projet financé par le Japon. Suite à une requête du gouvernement, la solution d'urgence fut un appel à Eximbank of China pour soutenir la reconstruction de l'ouvrage. Avant la fin de la semaine, une mission chinoise était déjà en Guinée pour négocier avec les organismes concernés.

CHAPITRE VIII

ÉVALUATION GLOBALE ET PERSPECTIVES

La division internationale du travail traditionnelle a confiné les relations entre l'Afrique et le reste du monde à des politiques d'exportation de matières premières brutes et d'importation de produits manufacturés. Ces stratégies ont maintenu un niveau de développement faible et extraverti qui n'a pas permis de réduire la pauvreté des populations africaines.

Aujourd'hui, de nouvelles stratégies d'accès aux ressources naturelles et de coopération sont nécessaires. Les réflexions en cours pour inverser la tendance et préparer le programme post -2015 s'orientent vers la diversification des économies et la transformation des matières premières localement, tout en mettant en place un marché commun et des infrastructures durables. Dans ce contexte, l'intérêt des pays africains pour la coopération afro-asiatique est évident.

En effet, la cinquième conférence internationale de Tokyo sur le développement de l'Afrique (TICAD V) a indiqué que l'Afrique perd 2 % de croissance par an à cause du manque d'infrastructures, même si elle a enregistré 5 % de croissance économique moyenne au cours des dernières années.

De nouvelles formes de coopération se dessinent aujourd'hui, avec les BRICS et le Japon. Ces nouveaux partenaires, bien que motivés d'abord par leurs propres intérêts économiques, offrent une opportunité aux pays africains fragiles, sous certaines conditions, pour qu'ils parviennent à un développement socio-économique favorisant l'emploi et l'amélioration des conditions de vie. En effet, si l'Afrique en général et la Guinée en particulier comblent le déficit d'infrastructures et d'énergie, la croissance sera durable à condition que la gouvernance (élections, démocratisation, cohésion sociale) soit assurée.

S'agissant de la Chine, elle est devenue le premier partenaire commercial de l'Afrique, avant de supplanter le Japon comme 2e économie mondiale. Les échanges sino-africains ont plus que doublé de 2009 à 2012. En participant au congrès des BRICS à Durban, en Afrique du Sud, les 26 et 27 mars 2013, le nouveau président chinois, effectuait aussi sa première visite officielle en Afrique. Après avoir visité la Tanzanie, l'Afrique du Sud et le Congo, il a fait sienne l'idée des pays émergents de créer une banque d'investissement commune pour financer les infrastructures. En 2014, selon le ministre chinois des Affaires étrangères, la coopération sino-africaine va être renforcée dans tous les domaines pour aider l'Afrique à promouvoir le développement économique et commercial.

Ainsi, l'engagement récent de la Chine à rester fidèle à l'esprit de Bandung peut stimuler les investissements asiatiques, à travers la création d'une Banque asiatique d'Investissement pour les infrastructures (BAII), d'une part, et, d'autre part, d'une banque de développement pour les pays émergents afin qu'ils intensifient le développement des pays africains. Les nouvelles orientations de la coopération sino-africaine seront basées sur plusieurs facteurs, parmi lesquels on note la capacité des pays africains à en définir les priorités et à améliorer leurs capacités d'absorption des investissements chinois tant aux niveaux national qu'au niveau sous-régional et régional.

Au Congo-Brazzaville, le 29 mars 2013, le président chinois a signé 11 accords de coopération. Il a aussi indiqué que la coopération sino-africaine devra porter sur les échanges socio-culturels, les biens immatériels devant constituer le socle d'une coopération stratégique d'un type nouveau. Il est important de noter que la Chine et les pays asiatiques se sont modernisés sur la base de certaines valeurs qui prônent, entre autres, la discipline et la rigueur au travail, une leçon pour l'Afrique, et la Guinée en particulier. Le sérieux des ouvriers chinois dans les chantiers concernant le respect des délais et les valeurs asiatiques au sujet du travail en général devraient servir d'exemple à la main-d'œuvre africaine.

La Chine est intervenue en Guinée dans des secteurs stratégiques comme l'énergie, et aussi en période de crise, comme la maladie à virus Ebola. Quelles sont les priorités pour la coopération sino-guinéenne dans le cadre du Programme de Développement Durable post -2015, la relance économique post-Ebola et la transformation économique ? Comment améliorer de façon générale le partenariat de la coopération sino-guinéenne ?

Le 10 août 2015, le ministre chinois des Affaires étrangères a séjourné à Conakry, dans le cadre d'une visite de soutien aux trois pays de l'Ebolaland. Les autorités guinéennes ont remercié la RP de Chine pour sa contribution à la lutte pour surmonter cette crise sanitaire inattendue et aussi pour ses aides publique et privée. Le ministre chinois a annoncé que la Chine continuerait à soutenir le redressement post-Ebola et indiqué que la coopération sino-guinéenne sera concentrée sur trois secteurs prioritaires : les mines, l'agriculture et la pêche pour améliorer la sécurité alimentaire, la santé.

Aujourd'hui, le pays va également bénéficier des opportunités d'investissement et des partenariats public-privé avec la Chine non seulement au niveau national, mais aussi dans le cadre de regroupements régionaux et sous-régionaux.

Au niveau national, dans le cadre de la formule gagnant-gagnant, la priorité devrait porter sur :

- les infrastructures : énergie, routes et transports,

- les aménagements agricoles, des micro-barrages, une industrie de petit outillage agricole, des centres pilotes de recherche et d'expérimentation pour des rendements améliorés des cultures aussi bien vivrières que de rente, la maîtrise de l'eau, des pratiques culturales intensives et la sécurité alimentaire ;

- l'industrie de transformation sur place des ressources naturelles ;

- la formation, le perfectionnement et la spécialisation des ressources humaines au niveau cadre et ouvrier : équipement des écoles professionnelles, des université et centres de recherche, recherche en matière médicale et agricole ;

- les nouvelles technologies de l'information et de la communication ;

- l'apprentissage de la langue chinoise dans certaines universités publiques et privées ;

- plus de transparence dans la négociation et la mise en œuvre des grands chantiers financés et/ou exécutés par les sociétés chinoises ;

- un meilleur suivi de l'employabilité des jeunes Guinéens et des conditions de vie des ouvriers guinéens avec des exigences de recrutement et de transfert effectif de connaissances et de compétences.

Le 25 juillet 2015, ont été lancés les travaux de la fibre optique en Guinée ; les travaux de la « Dorsale nationale » incluent la mise en place d'un réseau de fibre optique de 4000 km ; le coût est de 238 millions USD, prêtés à 90 % par Eximbank of China sous forme de crédits préférentiels. La durée des travaux est de deux ans. Le groupe chinois Huawei Technologie, présent en Guinée depuis 1999, est en charge du *backbone* optique, de la fibre numérique et s'étendra aux secteurs de l'environnement, de la gouvernance, de la santé, de l'éducation. Il permettra de moderniser et d'informatiser l'économie guinéenne, d'encourager plus d'entreprises chinoises à investir en Guinée. Ainsi, dans le cadre de la migration numérique, les perspectives de la coopération avec la RP de Chine vont se renforcer.

Les autorités guinéennes ont toujours indiqué que l'énergie et les infrastructures pour lesquelles l'appui de la Chine sera nécessaire sont de grands défis à relever. Des négociations sont en cours pour le financement de la réalisation du barrage de Souapiti avec les mêmes partenaires chinois qui ont soutenu le barrage de Kaléta. Les meilleures conditions de garantie devraient être créées pour encourager les sociétés chinoises à intervenir, en faisant du partenariat public-privé gagnant-gagnant un volet important de la coopération si6no-guinéenne.

On note de plus en plus une tendance de la Chine à s'associer à d'autres partenaires de la Guinée pour réaliser des projets dans certains secteurs, comme le transport maritime avec Bolloré au Port autonome de Conakry, avec Rio Tinto pour le Simandou ou encore dans la lutte contre Ebola.

D'autres pays asiatiques comme l'Inde et le Japon offrent également des opportunités de commerce et d'aide avec la Guinée pour réaliser des investissements dans les infrastructures et les secteurs stratégiques, domaines d'intervention de la coopération chinoise. Il revient au gouvernement de renforcer et coordonner ses stratégies de coopération pour atteindre les objectifs de développement socio-économique durable du pays.

Conclusion

La RPC a institué à partir des années 2000, le Forum de Coopération Chine-Afrique (FOCAC), une plate-forme de discussion avec les pays africains, sur une base triennale, sur les questions de développement et de coopération. Les autorités chinoises ont mis en place en 2005 le Conseil sino-africain des Affaires (CABC) et un nouvel instrument financier, le Fonds de développement sino-africain, devenu opérationnel en 2007. La Chine et ses partenaires des BRICs ont, en outre, décidé de renforcer les initiatives et les moyens pour contribuer au développement des infrastructures en Afrique.

Depuis 2010, la Guinée a diversifié ses relations de coopération, notamment en direction des pays émergents (Afrique du Sud, Brésil, Inde et notamment Chine). Pour la Guinée, la RPC n'est pas un partenaire émergent ; c'est un donateur historique qui, tout au long de son évolution sociopolitique et économique récente, a réaffirmé son attachement à la solidarité et à la coopération mutuelle avec les pays africains. Au dernier forum sino-africain, la Chine a rappelé ses principes et ses priorités qui sont : les ressources naturelles, la coopération industrielle, les finances, la réduction de la pauvreté, la protection de l'environnement, les échanges culturels, la paix et la sécurité. La réalisation, sur financement chinois, des infrastructures de développement, y compris énergétiques, est de nature à promouvoir la croissance économique et la lutte contre la pauvreté.

Par ailleurs, dans le cadre de son treizième plan quinquennal, la Chine est engagée à coopérer pour l'environnement, la paix et la sécurité, afin de faire face aux nouveaux défis et menaces du changement climatique, des conflits civils, de la lutte contre le djihadisme et des épidémies. L'assistance chinoise au contingent guinéen dans le Nord du Mali et lors de la crise sanitaire Ebola dans les trois pays affectés atteste de ces nouveaux engagements.

Il faut donc s'attendre au maintien, mieux, au renforcement de la coopération chinoise au développement, en maintenant son soutien à des secteurs stratégiques du redressement post-Ebola comme l'éducation, la santé et l'agriculture. Il y a, en effet, des besoins pressants en matière d'éducation et de santé ; il faut résorber le chômage chronique des jeunes diplômés, développer les compétences des ressources humaines et de nouveaux talents, tout en créant pour eux des emplois productifs décents. Il faut aussi envisager d'investir dans des partenariats PPP de formation en soutenant la création de centres d'excellence en matière de formation technique et professionnelle, en plus de ceux qui sont en cours dans l'immobilier, l'énergie et les mines.

L'aide publique et les investissements de PPP devront aider à développer des compétences et les utiliser dans les grands chantiers d'infrastructures financés et exécutés par les sociétés chinoises. La Chine a déjà soutenu la formation de nombreux cadres guinéens dans tous les secteurs et peut bien renforcer la formation du personnel de santé, pour pallier le déficit aggravé par la crise Ebola. La coopération culturelle et artistique peut également promouvoir la culture, les arts et le sport.

La Guinée devra accroître sa capacité d'absorption des investissements, en développant ses capacités de conception, de négociation et de mise en œuvre de l'aide publique, et surtout créer un environnement favorable pour attirer les investissements privés directs. À cet effet, sa participation au FOCAC devrait être bien préparée, de manière stratégique et participative, en associant le secteur privé guinéen et la société civile, tant au plan national qu'aux niveaux sous-régional et régional. Les interventions chinoises devront intégrer les principes de transparence, de développement/renforcement de capacités, de savoir-faire et de technologie, mais également de responsabilité sociale et environnementale vis-à-vis des communautés locales.

De même, le gouvernement devra renforcer le système de suivi de l'exécution des grands projets, le contrôle qualité des transactions commerciales et les capacités de l'Inspection générale du travail.

L'amélioration de la gouvernance politique, institutionnelle et économique va permettre une meilleure attractivité des investissements étrangers, chinois et autres, publics et privés, et faire du principe gagnant-gagnant un atout. Pour y parvenir, la Chine offre de renforcer les capacités de formation formation de ses partenaires africains en macro-économie, formation qui a déjà bénéficié à un groupe d'experts guinéens choisis dans les secteurs stratégiques de coopération.

ANNEXES

Tableau 1. Prêts et dons de la RPC, 1960–1983

Désignation	Date et signature	Échéance Rééchance	Remarque
Accord de coopération économique et technique	13/09/1960	01/01/1970 - 31/12/1979	Annulé
Accord de coopération économique et technique	16/11/1966	01/01/1977 - 31/12/1979	Annulé
Accord de prêt commercial	16/11/1966	01/01/1973 - 31/12/1977	Annulé
Accord de projets culturels	26/08/1968	01/01/1977 - 31/12/1986	Annulé
Accord de prêt en marchandises	28/02/1969	01/01/1975 - 31/12/1979	Annulé
Accord de coopération économique et technique	09/10/1969	01/01/1981 - 31/12/1990	Annulé
Accord prêt en marchandises	30/01/1970	01/01/1976 - 31/12/1980 01/01/2001 - 31/12/2004	Prêt commercial :
Accord prêt en marchandises	08/02/1971	01/01/1977 - 31/12/1981 01/01/2000 - 31/12/2004	Prêt commercial
Accord prêt en marchandises	05/02/1972	01/01/1978 - 31/12/1982 01/01/2000 - 31/12/2004	Prêt commercial
Accord Prêt en marchandises	13/12/1972	01/01/1979 - 31/12/1983 01/01/2000 - 31/12/2004	Prêt commercial

Accord de crédit financier	13/12/1972	01/01/1979 - 31/12/1983 01/01/2000 - 31/12/1983	Prêt sans intérêts
Accord de prêt en marchandises	15/02/1974	01/01/1980 - 31/12/1984 01/01/2000 - 31/12/2004	Prêt commercial
Accord de prêt en marchandises	11/03/1975	01/01/1981 - 31/12/1985 01/01/2001 - 31/12/2005	Prêt commercial
Accord de prêt en marchandises	18/10/1975	01/01/1982 - 31/12/1986 31/12/1986 - 01/01/2002	Prêt commercial
Accord de Coopération économique et technique	20/08/1980	01/07/1990 - 30/06/2000	Prêt sans intérêts
Accord de l'imprimerie de la Monnaie FG	11/11/1981	01/01/1998 - 31/12/1991 01/01/2000 - 31/12/2004	Prêt commercial
Accord de prêt de Rénovation des Equipements de sucrerie de Koba	02/02/1983	01/01/1988 - 31/12/1992 01/01/1998 - 31/12/2002	Prêt commercial

Source : *Journal de l'économie guinéenne*, n°24/25, hors série Coopération Chine Guinée

Tableau 2. Accords de prêts sans intérêt, 1986-2008

Désignation	**Date et signature**	**Echéance Rééchéance**	**Remarque**
Accord de prêt	25/03/1985	01/01/1995 - 31/12/2004 01/01/2000 - 31/12/2009	Prêt sans intérêts
Accord de prêt	10/07/1988	01/08/1998 - 31/07/2008	Prêt sans intérêts
Accord de prêt	11/01/1992	31/07/2008 - 31/01/2012	Prêt sans intérêts
Accord de prêt	24/09/1993	01/01/2004 - 31/12/2013	Prêt sans intérêts
Accord de prêt	09/12/2003	01/01/2014 - 31/12/2023	Prêt sans intérêts
Accord de prêt	26/10/2004	01/11/2014 - 31/12/2024	Prêt sans intérêts
Accord de prêts	18/11/2005	01/12/2020 - 31/11/2030	Prêt sans intérêts
Accord de prêt	25/08/2006	01/09/2006 - 31/08/2016	Prêt sans intérêts

Source : *Journal de l'économie guinéenne*, n°24/25, hors série Coopération Chine-Guinée

Tableau 3. Accords économiques et techniques non remboursables, 1995-2007

Désignation	Date et Signature
Accord de coopération économique et technique	03/11/1995
Accord de coopération économique et technique	17/06/1996
Accord de coopération économique et technique	28/12/1997
Accord de coopération économique et technique	11/06/1998
Accord de coopération économique et technique	09/10/1999
Accord de coopération économique et technique	14/09/2000
Accord de coopération économique et technique	13/02/2001
Accord de coopération économique et technique	08/11/2002
Accord de coopération économique et technique	16/05/2003
Accord de coopération économique et technique	26/10/2004
Accord de coopération économique et technique	05/07/2007

Source : *Journal de l'économie guinéenne*, n°24/25, hors série Coopération Chine-Guinée

Tableau 4 : Paquet global

PRIORITÉS PROJETS	**MONTANTS USD**	**ZONES**	**SECTEURS**
1 - Réhabilitation et appui à la mise en valeur de 10.000 ha et réalisation des infrastructures d'accès aux marchés	30.000.000	Les 4 Régions Naturelles	Agriculture
Adjonction d'une capacité de production thermique d'une puissance de 42 MW* 3	200.000.000	Manéah	Énergie et Hydraulique
Réalisation de 10 mini et microcentrales d'une puissance de 1 MW à 20 MW	200.000.000	Les 4 Régions Naturelles	Énergie et Hydraulique
Construction d'un aéroport international qui sera relié à la ville de Conakry par une autoroute de 50 km	275.000. 000	Maféréya	Transports
Construction des 40 premiers km du chemin de fer Conakry-Kankan	60.000.000	Conakry-Kagbélen	Transports
Construction d'une autoroute Conakry-Mamou de 266 km	290.000.000	Conakry-Mamou	Transports
2 - Réalisation de l'aménagement hydroélectrique de Souapiti sur le Konkouré y compris l'impact environnement et social	1.300.000.000	Konkouré	Énergie et Hydraulique

Construction des 622 km restants de la ligne du chemin de fer Conakry-Kankan et son interconnexion avec les chemins de fer de la sous-région	960.000.000	Dorsale Guinéenne	Transports
Aménagement hydro-agricole et appui à la mise en valeur de 81.648 ha et réalisation d'infrastructures d'accès aux marchés agricoles	524.527.630	Les 4 Régions Naturelles	Agriculture
Aménagement avec maîtrise totale de l'eau et mise en valeur de 241.648 ha	646.923.280	Les 4 Régions Naturelles	Agriculture
3 - Infrastructures d'accès aux marchés agricoles	469.502.103	Les 4 Régions Naturelles	Agriculture
Aménagement hydroélectrique de Amaria, Morissanako, Diaoyah et Gozoguéza	2.500.000.000	Les 4 Régions Naturelles	Énergie et Hydraulique
Construction de 2934 km d'autoroute	3.510.000.000	Les 4 Régions Naturelles	Transport
4 - Réalisation de trois (3) ports en eau profonde	6.000.000.000	Forécariah, Boffa et Boké	Transports
Construction de 1938 km de chemin de fer	4.000.000.000		Transports
Total	20.965.953.013		

Source : *Journal de l'économie guinéenne*, n° 24/25, hors série Coopération Chine-Guinée

Tableau 5. Données sur les six éditions du Forum de Coopération Chine-Afrique (FOCAC) et ses engagements financiers

Sources : diverses, réunions FCSA

	Lieu	Date / Engagements (USD)
FCSA I	Beijing	10-12/10/2000 -
FCSA II	Addis Abeba	15-16/12/2003 -
FCSA III	Beijing	4-5/11/2006 5 mlds
FCSA IV	Sharm El Sheikh	8-9/11/2009 10 mlds
FCSA V	Beijing	19-20/7/2012 30 mlds
FCSA VI	Le Cap	4-5/12/2015 60 mlrds

INSTITUTIONS ET PERSONNES CONSULTÉES

Agences Startimes de Lambanyi et quelques clients

Ambassade de Chine à Conakry :

- 1er Secrétaire Ambassade, mars 2011, janvier 2012, juin 2016

- Attaché économique, Bureau du Conseiller Economique et Commercial, MOFCOM

Association des Commerçants Guinéens du Secteur Informel, (ACGSI), Madina : M. Mamadou Aliou Bah, Secrétaire Général

Bureau Stratégie Développement (BSD), MSHP, BP : 585 - Conakry : Dr Boubacar Sall, médecin de Santé publique, Directeur Adjoint

Bureau de la fiscalité professionnelle des Impôts de Matam, Commune de Matam, Conakry : El Hadj Baldé Mamadou Yaya, Chef du bureau

Direction nationale de la Coopération, Ministère de la Coopération internationale, Conakry :

- Dr Sy Savane Djiguiba Oumar, Directeur Coordination des Aides et des Partenariats, DNC – MCI ;

- Mohamed II Cissé, Secrétaire Général Ministère de la Coopération, Conakry

- Oumar Sané, Division Asie, Section Asie du Sud et de l'Est

Directrion Nationale des Eaux et Forêts, Minisère de l'Agriculure : Mme Christine Sagno, Directrice Nationale

Direction Nationale du Développement Industriel, ministère du Commerce, de l'Industrie et des PME : Directeur National, M. Gomou

Groupement Organisé des Hommes d'Affaires, GOHA : M. Chérif Mohamed Abdallah, Président

Journal de l'Économie Guinéenne : M. Ahmed Tidiane Diallo, directeur

Ministère à la Présidente chargé des Investissements privés et du partenariat public-privé : M. Ibrahima Camara, Conseiller

M. Dominique Ninamou, Ingénieur pédologue,

Secrétaire Général du Ministère de l'Agriculture, Consultant

M.Ibrahima Soumah, ancien ministre des Mines et de la Géologie, expert minier et consultant

M. Sékou Falil Doumbouya, Consultant

Personnel Centre Chinois des Investissements, quartier Minière (équipe Siguicoda)

Société Sogongpharmagui ex-ENIPHARGUI

Société privée Dynamic Agro Industrie, Bonfi

BIBLIOGRAPHIE

Agence de presse Chine nouvelle (Xinhua.net)

Annuaire économique et géopolitique mondial – Nouvelle Formule - L'état du monde, 2007, octobre 2006, La Découverte/Boréal, Québec

BAD/FAD – *Document de statégie d'intégration régionale pour l'Afrique de l'Ouest 2001-2015.* Défs régionaux. Ouest – Département du NEPAD, de l'intégration régionale et du commerce, mars 2011

Chine-Afrique : Le dragon et l'autruche, Adama Gaye, l'Harmattan, juillet 2012

Communication du Coordonnateur de l'EDG dans les journaux *Le Nimba* et *La Lance* de fin février/début mars 2012.

Consortium pour la recherche économique en Afrique, *CODESTRIA : les relations entre la Guinée et la Chine : Commerce, Investissement et Aide*, GRADES, Sékou Falil Doumbouya et Ibrahima Sambégou Gassama

Convention entre la République de Guinée et COUJY Corporation, Société de droit privé, régie par la Législation de la République Populaire de Chine pour l'exploitation d'un complexe industriel de transformation du bois à Nzérékoré, 2011

Décret D/2014/212/PRG/SGG du 17 octobre 2014

Doing Business 2012 – Entreprendre dans un monde plus transparent, Banque Mondiale

« FOCAC : Les enjeux du Forum de coopération Chine-Afrique », Xavier AUREGAN, 24 octobre 2015, in *La Revue géopolitique*- Diploweb.com, GEM

Forum de Coopération Afrique-Chine, FOCAC, www.focac-org/.

Internet Africa News, Actualité africaine

Initiative de Tranparence dans les Industries Extractives Guinée (ITIEG), siteeb http://www.itie-guinee.org

Journal *L'Observateur* et autres de la presse locale, sur StarTimes

Journal *Le Monde* : « Bilan Économie 2010 Atlas de 179 pays »

Journal de l'Économie Guinéenne - Numéro 2435 Hors Série Coopération « Chine - Guinée - 50 ans d'une coopération exemplaire »

La Chine, un nouveau partenaire de développement de l'Afrique – Vers la fin des privilèges européens sur le continent noir ? Thierry Bangui, avril 2010, L'Harmattan

La Chine-Afrique, Pékin à la conquête du continent noir – Nouvelle édition augmentée, Serge Michel, Michel Beuret, Hachette Littératures

Le Monde 01 juin 2013

Le Démocrate n° 772 du mardi 18 mai 2015 : interview du Chef de l'État, à Xinhua sur le barrage de Souapiti

Le Lynx numéro 1028 – 26 décembre 2011

La Lance n° 845 du 24 avril 2013 – « Kaléta – Le calvaire des ouvriers», p. 9

Ministère de la Coopération (2005), « Mémorandum sur la Coopération Sino-Guinéenne », Division de la Coopération bilatérale, Conakry, République de Guinée, novembre 2005

Ministère de la Coopération (2007), « Chine-Guinée : Tableau des dons et des prêts sans Intérêt », Division de la Coopération bilatérale, Conakry, République de Guinée, décembre 2007

Ministère des Affaires étrangères (2008), « Procès-Verbal des travaux de la quatrième session de la Grande Commission Mixte de la Coopération entre la République de Guinée et la République Populaire de Chine », Division de la Coopération bilatérale, Conakry, République de Guinée, Mars 2008

MOFCOM – Ministère du Commerce de la République Populaire de Chine : htttp : //french-mofcom-gov.cn/

OCDE (2006), «La Chine et l'Inde : quels enjeux pour l'Afrique», Atelier des 16 et 17 mars 2006 du Centre de développement de l'OCDE

Problèmes économiques – Le bilan de l'économie mondiale 2011, numéro 031, in *La documentation française*

Projet d'exploitation des minerais de fer de Kalia, Bellezone, Convention et Annexe

Rapports d'Activités Annuels 2011, 2012, 2013, 2014, ministère de la Coopération Inernationale, République de Guinée

Rapport Mondial sur le Développement Humain 2010. La vraie richesse des Nations - Les chemins du développement humain, édition du 20ème anniversaire, p. 173 à 179, PNUD

Rapport mondial sur le développement humain 2014, PNUD

Rapport sur l'Investissement dans le monde (WIR), 2012, CNUCED

Société Dongfang Pharmaceutique de Guinée Sodongpharmagui SARL

Société de Développement des Mines internatioanles de Hénan, SA, et sa filiale de droit guinéen, la Compagnie de Développement des Mines internationales de Hénan

Traité révisé CEDEAO, Abuja, 24 juillet 1993

UNCTAD Handbook Statistics/Manuel de Statistiques, 2012, CNUCED/Nations Uines

UNCTAD (2007), « Asian FDI in Africa: Towards a new era of Cooperation among Developing Countries », United Nations, New York and Geneva

www.conakryLive, com

TABLE DES MATIÈRES

Guinée-Conakry

aux éditions L'Harmattan

Dernières parutions

L'ETHNICITÉ EN GUINÉE-CONAKRY
Au prisme de l'organisation sociopolitique
Diakhaby Oumar

Ce livre tente d'apporter une explication au mal dont souffrent les Guinéens : l'ethnicité. En effet, cette forme d'organisation sociale, fondée sur la différenciation des acteurs en fonction de leur origine supposée, est de nos jours une référence inquiétante pour la cohésion et la concorde sociales. Cette situation s'explique par le fait que la Guinée ait été constituée par une adjonction de territoires sur lesquels vivaient des groupes ethniques n'ayant aucun projet politique de se constituer en État-Nation. Le modèle politique et social n'a pas été remis en question par les générations actuelles pour une organisation plus inclusive et intégrationniste.
(Harmattan Guinée, 25.00 euros, 254 p.)
ISBN : 978-978-2-343-10339-6, ISBN EBOOK : 978-978-2-14-002878-6

GUINÉE
Nantou, l'héritière légitime
Junior Didier

Il n'y a pas d'homme célèbre sans une femme courageuse derrière lui. Alpha Condé n'a pas été seul pendant ses quarante années de lutte. Nantou a joué à côté de lui le rôle de partenaire, fidèle, sincère, désintéressée, intègre. Se battant pour ses idées, elle a été persécutée, harcelée, et sournoisement marginalisée pendant l'exercice du pouvoir par le jeu d'intérêts de ceux qui s'en mettaient plein les poches. Elle est une personnalité incontournalble dans l'avenir politique de la Guinée.
(Coll. Les Impliqués, 12.00 euros, 90 p.)
ISBN : 978-978-2-343-11247-3, ISBN EBOOK : 978-978-2-14-002961-5

REGARD SUR LE SECTEUR MINIER GUINÉEN
Diaby Fodé - Préface d'Ibrahima Soumah

Ce secteur minier guinéen n'évolue pas et ne satisfait pas les besoins de l'économie nationale. La Guinée a une vocation minière et compte jouer un rôle de premier plan en Afrique et dans le monde. Cet ouvrage est une contribution de l'auteur pour la relance des activités minières et une source d'information et de consolidation des connaissances géologiques, du potentiel minier et de sa gestion.
(Harmattan Guinée, 27.50 euros, 280 p.)
ISBN : 978-2-343-11047-9, ISBN EBOOK : 978-978-2-14-002802-1

L'ENSEIGNEMENT TECHNIQUE ET LA FORMATION PROFESSIONNELLE EN RÉPUBLIQUE DE GUINÉE

«Le parent pauvre»

Kandé Alama - Préface d'El Hadj Almamy Diaby

Malgré une augmentation sensible du nombre d'apprenants dans les institutions d'enseignement technique et de formation professionnelle (ETPF), la part de financement de ce secteur est restée constante pendant plus de 20 ans. Cette faible allocation budgétaire ne peut contribuer à une rapide croissance de l'ETFP ni à une formation de haut niveau. Or, la garantie d'un emploi est assurée par l'acquisition d'une formation de qualité. Voici une réflexion essentielle pour un développement durable et l'émergence de la Guinée.

(Harmattan Guinée, 19.50 euros, 188 p.)

ISBN : 978-2-343-10124-8, ISBN EBOOK : 978-978-2-14-002728-4

JOURNAL D'UNE ANNÉE SUR LES RIVES DE LA SEINE

Souvenirs d'un Guinéen stagiaire à Paris

Toure Jean-Marie

Un stage de français langue étrangère au Centre international d'études pédagogiques (CIEP) de Sèvres permet à l'auteur de ce récit de découvrir Paris, sa tour Eiffel, son Arc de triomphe, son métro, l'avenue des Champs-Élysées, la chapelle de la Médaille miraculeuse de la rue du Bac, la basilique du Sacré-Cœur, Notre-Dame, le RER, les bateaux-mouches, et «Galpi», le supermarché de la licence et du sexe. D'autres Guinéens, une Dominicaine, une Libanaise, deux Léonaises et des Vietnamiens sont ses compagnons de stage.

(Harmattan Guinée, 16.00 euros, 148 p.)

ISBN : 978-2-343-10116-3, ISBN EBOOK : 978-978-2-14-002700-0

L'ÉPOPÉE DE BOKAR BIRO SELON FARBA KÉBA SOW DE LABÉ

L'homme, l'Almami et la conquête coloniale du Fuuta Jallon

Balde Maladho Siddy

Cette épopée présente la vie et l'œuvre historique de l'Almami Bokar Biro, qui a été le dernier souverain à régner sur le trône de Timbo, la capitale du Fuuta théocratique. En français et en puular, ce texte présente, dans la perspective d'un griot du terroir, une nouvelle version de l'histoire de Bokar Biro, qui permet de comprendre non seulement la vie dans les cours princières et maraboutiques, mais aussi d'autres domaines importants et variés comme l'histoire, la géographie, l'économie, la religion, l'administration, les considérations sociales et culturelles, les alliances et la politique extérieure du Fuuta Jallon, surtout dans la seconde moitié du XXIe siècle.

(Harmattan Guinée, 27.00 euros, 260 p.)

ISBN : 978-978-2-343-10392-1, ISBN EBOOK : 978-978-2-14-002411-5

LA RESPONSABILITÉ DES PÈRE ET MÈRE EN DROIT GUINÉEN

Étude prospective à la lumière du droit français

Koïta Sékou Maouloud - Préface de Clotilde Brunetti-Pons

Ce livre aide à saisir la différence entre le droit coutumier et le droit moderne guinéens sur la question de la responsabilité des père et mère du fait de leur enfant mineur. L'auteur suggère de substituer à un régime de responsabilité parentale

pour faute prouvée un régime de présomption de faute des père et mère dans le contexte d'un développement préconisé des mécanismes d'assurance. Le manque de dynamisme de la jurisprudence guinéenne a conduit à inviter le législateur à réformer le Code civil, tant pour en clarifier les dispositions que pour les faire évoluer.
(Coll. Études africaines, 36.00 euros, 348 p.)
ISBN : 978-2-343-07651-5, ISBN EBOOK : 978-2-14-002414-6

PRÉCIS DE FISCALITÉ DES AFFAIRES EN RÉPUBLIQUE DE GUINÉE
Bombi Balde Mamadou
La politique fiscale est un indicateur majeur de mesure de la performance de la politique économique du pouvoir exécutif. L'évolution de la fiscalité guinéenne, ces dernières années, en est une illustration parfaite, tant les réformes en matière d'impôts directs et indirects sont nombreuses. Face à l'exigence de modernisation du système fiscal, la maîtrise des contours de cette science devient indispensable pour les étudiants auxquels s'adresse principalement cet ouvrage. L'objectif est de contribuer à l'émergence d'un système fiscal guinéen moderne, à travers les éléments de droit fiscal comparé fournis.
(Harmattan Guinée, 20.00 euros, 194 p.)
ISBN : 978-2-343-10120-0, ISBN EBOOK : 978-2-14-002010-0

GUINÉE
La réforme scolaire de 1968 – Un grand rêve brisé ?
Loua Zaoro Hyacinthe - Préface d'Ansoumane Doré
La réforme scolaire de 1968 en Guinée, une révolution culturelle ? Une explosion de la culture artistique et musicale ? Une formation de l'esprit patriotique ? Un rêve brisé ? La réforme de 1968 est-elle vraiment une réussite ? La meilleure manière de répondre à ces questions est de donner la parole aux enseignants, aux parents et aux élèves eux-mêmes. Tel est l'objectif de l'auteur. Résultat d'une recherche sociologique, cet ouvrage convie le lecteur à la réflexion, à la méditation et à une critique constructive de la réforme scolaire de 1968, en vue d'inventer l'école de demain.
(Coll. Afrique : politiques publiques, sécurité, défense, 17.50 euros, 162 p.)
ISBN : 978-2-343-10080-7, ISBN EBOOK : 978-2-14-001883-1

ENQUÊTE SUR LES DÉCÈS
La procédure pénale policière
Cisse Mohamed - Avec la collaboration de Hassane Bah
Cet ouvrage servira de guide pour les Officiers de police judiciaire (OPJ) lors des investigations concernant les cas de découverte de cadavres. Il résume les opérations de saisine, de transport sur les lieux, de constatations de la datation de la mort et de description des blessures mortelles. L'auteur de ce manuel étudie également les interactions entre les différents acteurs de la chaîne d'investigation, afin de mieux établir les documents administratifs nécessaires. Les multiples disparitions et enlèvements de personnes dans des circonstances non élucidées demeurent préoccupants, il importe donc d'avancer sur cette thématique.
(Harmattan Guinée, 21.50 euros, 208 p.)
ISBN : 978-2-343-09693-3, ISBN EBOOK : 978-2-14-001973-9

AILLEURS EN EBOLA
De l'enquête ethnographique au récit de voyage
Avec la collaboration de Mathilde Laîné

Comment une épidémie comme Ebola a-t-elle été vécue de l'intérieur, par toutes ces populations à qui la parole n'est jamais donnée ? En voyage en Guinée avec sa fille, ethnologue engagée dans la lutte contre l'épidémie, l'auteure a choisi le récit choral, faisant alterner son récit de voyage, des épisodes réels vécus, racontés ou mis en scène dans des fictions, des témoignages bruts... Ce faisant, le livre interroge le fonctionnement des organismes internationaux intervenant dans la lutte contre Ebola.
(12.50 euros, 106 p.)
ISBN : 978-2-343-10184-2, ISBN EBOOK : 978-2-14-002003-2

LE DÉVELOPPEMENT DURABLE DU TOURISME EN GUINÉE
Barry Mamadou Aliou, Diallo Ibrahima Dâka

En dépit d'un potentiel touristique incomparable, lui permettant de développer la plupart des types de tourisme en zone tropicale, la Guinée reste toujours confrontée à une problématique et à des défis majeurs qu'il s'avère urgent de dénouer et de lever. Après avoir posé un diagnostic clair et fixé les objectifs à atteindre, les auteurs ont misé sur l'approche du développement durable pour aboutir à l'établissement du cadre managérial adéquat pour l'essor du tourisme en Guinée : maîtrise des variables de l'offre et de la demande, participation des populations à la base, promotion et protection des ressources, tout en répondant aux exigences des temps modernes.
(Harmattan Guinée, 29.00 euros, 290 p.)
ISBN : 978-2-343-09087-0, ISBN EBOOK : 978-2-14-001452-9

HISTOIRE ET ÉLABORATION IMAGINAIRE DANS LES ROMANS DE WILLIAMS SASSINE
Chitour Marie-Françoise

L'œuvre de Williams Sassine, écrivain guinéen francophone (1944-1997), participe pleinement au renouvellement de la littérature des francophonies du Sud, dite « des Indépendances ». Si la dénonciation et la contestation des Indépendances formelles sont bien au centre de ses romans, cette réalité historique et politique est véritablement transposée, « transfigurée » par l'écriture et le fréquent déplacement du discours dans l'imaginaire. Il apparaît alors que les éléments historiques deviennent le ressort d'une élaboration imaginaire particulièrement puissante.
(Coll. Classiques francophones, 17.50 euros, 162 p.)
ISBN : 978-2-343-09727-5, ISBN EBOOK : 978-2-14-001520-5

L'HARMATTAN ITALIA
Via Degli Artisti 15; 10124 Torino
harmattan.italia@gmail.com

L'HARMATTAN HONGRIE
Könyvesbolt ; Kossuth L. u. 14-16
1053 Budapest

L'HARMATTAN KINSHASA
185, avenue Nyangwe
Commune de Lingwala
Kinshasa, R.D. Congo
(00243) 998697603 ou (00243) 999229662

L'HARMATTAN CONGO
67, av. E. P. Lumumba
Bât. – Congo Pharmacie (Bib. Nat.)
BP2874 Brazzaville
harmattan.congo@yahoo.fr

L'HARMATTAN GUINÉE
Almamya Rue KA 028, en face
du restaurant Le Cèdre
OKB agency BP 3470 Conakry
(00224) 657 20 85 08 / 664 28 91 96
harmattanguinee@yahoo.fr

L'HARMATTAN MALI
Rue 73, Porte 536, Niamakoro,
Cité Unicef, Bamako
Tél. 00 (223) 20205724 / +(223) 76378082
poudiougopaul@yahoo.fr
pp.harmattan@gmail.com

L'HARMATTAN CAMEROUN
TSINGA/FECAFOOT
BP 11486 Yaoundé
699198028/675441949
harmattancam@yahoo.com

L'HARMATTAN CÔTE D'IVOIRE
Résidence Karl / cité des arts
Abidjan-Cocody 03 BP 1588 Abidjan 03
(00225) 05 77 87 31
etien_nda@yahoo.fr

L'HARMATTAN BURKINA
Penou Achille Some
Ouagadougou
(+226) 70 26 88 27

L'HARMATTAN SÉNÉGAL
10 VDN en face Mermoz, après le pont de Fann
BP 45034 Dakar Fann
33 825 98 58 / 33 860 9858
senharmattan@gmail.com / senlibraire@gmail.com
www.harmattansenegal.com

Achevé d'imprimer par Corlet Numérique - 14110 Condé-sur-Noireau
N° d'Imprimeur : 136869 - Dépôt légal : mars 2017 - *Imprimé en France*

www.ingramcontent.com/pod-product-compliance
Lightning Source LLC
LaVergne TN
LVHW021235061026
849535LV00008B/3059
* 9 7 8 2 3 4 3 1 0 9 2 1 3 *